图解可视化6S
标准实施速查手册

周玲燕　编著

机 械 工 业 出 版 社

本手册是在作者服务的数百家企业现场实战案例的基础上，对真实案例进行了深入分析、总结，整理出的有效推行 6S 管理活动实施的标准、方法、步骤和工具。全书共 13 章，包括 6S 的起源与发展、推进 6S 的常用工具、现场布局规划设计、线条规划标准、厂区规划标准、生产车间标准、仓库实施标准、办公区域标准、安全实施标准、看板管理设计样式、视觉形象设计、持续管理、企业 6S 实施案例等内容。手册通过简洁的语言、大量的现场图片和真实的实战案例讲解 6S 实施标准，即使是初入行的读者也可以低成本、高标准、简单化地完成 6S 的推行。

本手册适合制造类企业的班组长、车间主任、生产主管阅读，以及制造业、服务业的管理者和咨询顾问等使用。

图书在版编目（CIP）数据

图解可视化6S标准实施速查手册 / 周玲燕编著.
北京 ：机械工业出版社，2024. 11. -- ISBN 978-7-111-76750-3

Ⅰ．F272-62

中国国家版本馆CIP数据核字第2024GB8761号

机械工业出版社（北京市百万庄大街22号　邮政编码100037）
策划编辑：周国萍　　　　　　责任编辑：周国萍　刘本明
责任校对：丁梦卓　张　征　　封面设计：马精明
责任印制：邰　敏
北京富资园科技发展有限公司印刷
2024 年 11 月第 1 版第 1 次印刷
148mm×210mm・9.875印张・203千字
标准书号：ISBN 978-7-111-76750-3
定价：59.00元

电话服务　　　　　　　　　　网络服务
客服电话：010-88361066　　机　工　官　网：www.cmpbook.com
　　　　　010-88379833　　机　工　官　博：weibo.com/cmp1952
　　　　　010-68326294　　金　书　网：www.golden-book.com
封底无防伪标均为盗版　　　　机工教育服务网：www.cmpedu.com

前　言

　　由于经常进行企业 6S 管理的咨询、培训和辅导工作，到过国内很多企业进行现场调研、诊断、培训和咨询，发现干净整洁的现场背后隐藏着不少还没暴露的问题。6S 有标准吗？这些问题困惑着很多企业与顾问，就算是从事了十几年 6S 的咨询师也未必能一一解答。

　　世界成功的企业，无一例外都是标准化的典范，如沃尔玛、宜家、肯德基、麦当劳、松下、丰田等，举不胜举。麦当劳的作业手册就有 560 页，其中对如何烤一个牛肉饼，就写了 20 多页。标准是衡量事物的准则，是可供同类事物做比较核对的。标准是一把测量质量的"尺子"，也是衡量现代化管理水平的基准线。

　　一个整齐洁净、规范的工作现场不仅能给客户留下深刻的印象，改善员工的工作环境，更重要的是可以提高工作效率，改进工作作风，保障生产安全。"6S"是现场管理的一个有效工具，它属于基础性的管理。

　　本手册从 6S 的起源与发展、推进 6S 的常用工具、现场布局规划设计、线条规划标准、厂区规划标准、生产车间标准、仓库实施标准、办公区域标准、安全实施标准、看板管理设计样式、视觉形象设计、持续管理、企业 6S 实施案例 13 个方面，阐述了 6S 实施的工具、标准、方法和步骤。本手册可协助企业与 6S 服务者成功推行实施

6S 管理。

实际工作场景往往复杂多变，读者在实施 6S 管理时，应活学活用，学会变通。

本手册编写时得到甘正翔、吴龙等人的热情帮助，在此深表谢意。由于时间仓促，书中难免存在疏漏和误差，欢迎读者批评和纠正。

作　者

目　录

第 1 章
6S 的起源与发展

6S 管理是企业现场管理的基础活动。企业想要成功地推行 6S，必须保证所有人员，即从最高领导者到基层员工对 6S 有正确的认知。本章是 6S 的基础知识，简要介绍了 6S 的起源与发展。

1.1 6S 的来源及含义

在 200 多年前的日本江户时代，海边以捕鱼为生的人们，他们狭小的渔船空间给捕鱼带来很多不方便，于是他们对渔船进行了清理，把用不到的东西清理掉，以便挪出更多空间来打鱼。用了这个理念后有些渔民打得鱼就多了，于是逐渐总结出以"空"为佳的渔船生活管理理念。渔民打鱼如图 1-1 所示。

慢慢这个理念推广开来，渔民的整理习惯传承到日本家庭主妇的整理家务，形成了全社会的整理运动。

图 1-1　渔民打鱼

第二次世界大战后，日本工业慢慢崛起，5S 管理在工业制造业逐步实践应用，对现场改善起到巨大作用，效果明显。在丰田的倡导推行下，5S 管理逐渐被全世界和各行业所认同。6S 管理是在 5S[Seiri（整理）、Seiton（整顿）、Seiso（清扫）、Seiketsu（清洁）、Shitsuke（素养）] 管理的基础上增加了一个 S，即 Safety（安全），具体含义见表 1-1。

表 1-1　6S 的含义

中文	日文	英文	速记口诀	说明
整理	Seiri		需与非需，一留一清	去除杂物，增大空间，消除混物，减少浪费
整顿	Seiton		科学布局，取用快捷	减少寻找时间，提高工作效率，异常及时发现，操作一目了然
清扫	Seiso		美化环境，点检查漏	创造洁净环境，清除污染源，减少故障发生与安全隐患，创造舒心工作环境
清洁	Seiketsu		形成标准，贯彻到底	用标准化、制度化将成效维持巩固，并实现持续改善
素养	Shitsuke		遵守制度，养成习惯	提升人员素质，增强员工标准作业意识，增强团队感
安全		Safety	遵守规程，安全高效	使安全因素贯穿管理过程，减少安全隐患，预防事故发生

1.2　整理整顿的由来

第二次世界大战后，日本工业慢慢崛起，工厂不断发展扩大，人员增多，安全事故频发。

1955 年日本的中央劳动灾害防止协会提出"安全始于整理整顿，而终于整理整顿"的宣传口号。这就是最早的 2 个 S 的概念。当时只推行了 2S，其目的仅是为了确保作业空间与安全。推行整理整顿后，现场一目了然，安全事故明显下降。

整理整顿如图 1-2 所示。

图 1-2　整理整顿

1.3　清扫的由来

通过整理整顿活动，日本人养成了良好的追根究底的习惯，后因生产控制与质量控制的需要，逐步推出后面的第 3 个 S：清扫。

清扫如图 1-3 所示。

图 1-3　清扫

1.4　清洁的由来

推行好 3S 后，日本人发现问题解决了，但过些日子又会发生同样的问题，特别是新成员加入后。这个时候开始认识到必须把改善的东西固化起来，才能避免错误重复发生，同时也给新同事一个很好的教材，于是有了标准化，这也是对执行效果进行考核的工具，于是制度化的工作开始在日本工业界兴起，慢慢就有了第 4 个 S：清洁。

清洁如图 1-4 所示。

图 1-4　清洁

1.5　素养的由来

日本为了举办 1964 年的东京奥运会，提出了一个"六项举措"来提升国民素养。执行完"六项举措"后的结果是完美地向全世界展示了日本国民的素质：举行这种 10 万人的大型奥运会所有人离场后，整个现场没有一丝垃圾。

后来善于总结的日本人发现，所有革新的基础就是人这个最大的因素，不论是精神风貌还是员工的修养和技能，于是就有了第 5 个 S：素养。

素养如图 1-5 所示。

图 1-5　素养

1.6　安全的由来

1986 年，日本首部 5S 著作问世，奠定了 5S 的理论基础，特别是 5S 在日本工业界（丰田）取得巨大成功，各国纷纷前来参观学习，使 5S 走向世界各地，被广大企业所应用。

90 年代初，中国海尔学习推行 5S，海尔张瑞敏在 5S 的基础上增加了安全，并发明了 6S 大脚印，让 6S 得到了发展。

海尔 6S 大脚印如图 1-6 所示。

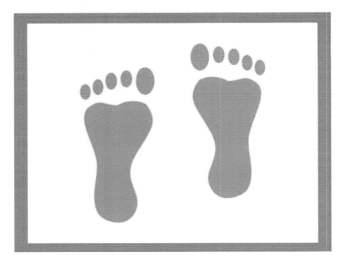

图 1-6　海尔 6S 大脚印

1.7　6S 的延伸

6S 的延伸如图 1-7 所示。

图 1-7　6S 的延伸

1.8　划线的起源

　　公元前 9 世纪的古罗马时期，庞贝城的一些街道上马车与行人混杂，导致交通经常堵塞，事故不断发生，为了方便行人过街，人们把街道加高，使人与马车分离。

　　而世界上第一条白色道路标线是由一名美国加州的外科女医生琼·玛卡若在 1917 年提出使用的。当时她所在的医院几乎每天都会收治车祸伤者，琼·玛卡若注意到，驾驶员总喜欢靠公路中间行驶，正是这个偏好，让汽车相撞的可能性大大增加。于是她脑海中闪现出一个想法，在公路中间画一条醒目的线，将道路分成两个车道。于是，她向公路管理委员会递交了提议，1924 年公路管理委员会同意了她的提议，在 99 号高速公路的中间画了一条线进行试点。结果车祸发生的频率大大降低。没过多久，当地所有的道路，都有了这样一条白色分界线，被命名为"琼·玛卡若线"。1950 年出现了黄线，1956 年加入了虚线，至此一套全新的交通规则诞生，避免了无数交通事故的发生。

道路线如图 1-8 所示。

图 1-8　道路线

1.9　限高线的起源

古代行军打仗，粮草尤为重要，管粮仓的人会画一条红线，一旦低于此线，将士们将有粮食安全警示。这与今天的库存量目视化类似。

古代行军粮仓如图 1-9 所示。

图 1-9 古代行军粮仓

1.10 形象标示的广泛应用

1964 年，东京举办奥林匹克运动会，世界各地的游客蜂拥而至，考虑到日语并非全球通用语言，平面设计师聪明地采用了非文字图像形式来引导游客前往各种场所。之后每届奥运会都拥有自己的形象标示图。由于奥运会的深远影响，形象标示被广泛应用到各个领域。

1964 年奥运会图标如图 1-10 所示。

图 1-10　1964 年奥运会图标

1.11　推行 6S 的八大益处

推行 6S 的八大益处如下：

1.　提升企业形象

推行 6S 管理，使企业有一个清爽、明亮、整洁有序的工作环境，容易吸引客户，给客户留下深刻印象，让客户对企业产生信心，同时能吸引更多优秀人才加入公司。

2.　提高工作效率

良好的工作环境，物品摆放整齐有序，不用寻找，加上有素质的工作伙伴，工作效率自然提高。

3．保证产品质量

优良的产品质量来自优良的工作环境和工作方法，通过经常性地维护、点检，减少设备故障，加上员工认真负责，预防能力增强，异常可及时发现，不良率下降，产品质量自然有保证。

4．减少浪费

通过实施 6S 管理，可减少人力的浪费、时间的浪费、搬运的浪费、制造过多的浪费、库存积压的浪费、不良品的浪费等，消除一切浪费根源。

5．保障安全

在通道、消防、设备等上面采用醒目的安全警示色，工作秩序有条不紊，减少意外的发生，安全自然有保障。

6．提高综合素质

人人养成良好的工作习惯，严格按照标准要求作业，降低员工的劳动强度，容易带动员工积极向上，培养团队合作精神，也就提高了人员的综合素质。

7．降低成本

通过 6S 管理，达到减少人员、减少库存、减少寻找时间、减少设备故障、减少物料浪费、减少不良品的返修等，最终降低生产成本。

8．得到客户的认可（"现场"＝"市场"）

在下单之前，客户一般会考察生产现场，通过考察判定出一家企业的综合管理水平。一个井然有序的生产现场，更容易吸引客户，并能得到客户的认可与肯定。

第 2 章
推进 6S 的常用工具

好的工具能提高 6S 管理的效率，达到好的效果。正确推行 6S 是有工具和技巧的。

2.1 红牌作战

红牌作战是指用红色的纸做成的 6S 管理问题揭示单，其中红色代表警告、危险、不合格或不良。

1. 红牌作战的目的

1）发现目标，寻找对策。

2）引起重视与落实责任。

3）指出必须消除的问题。

2. 红牌作战的实施过程

1）制定挂红牌的标准要求。

2）设计红牌。

3）确定挂红牌的对象范围。

4）现场检查发现问题，挂红牌。

5）挂红牌后改善效果的追踪确认。

6）进行水平展开及后续标准化。

3. 红牌作战的标示

1）颜色：红色。

2）材质：橡胶卡套 + 纸卡。

3）规格：A5、A6（可自定义）。

红牌样式如图 2-1 所示。

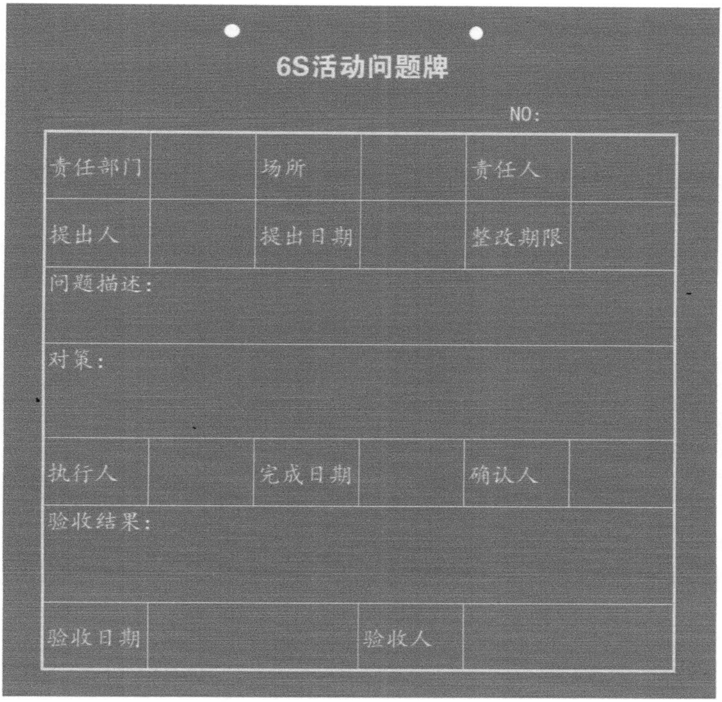

6S活动问题牌

NO：

责任部门		场所		责任人	
提出人		提出日期		整改期限	
问题描述：					
对策：					
执行人		完成日期		确认人	
验收结果：					
验收日期			验收人		

图 2-1　红牌样式

2.2 定点摄影

1. 定点摄影的实施要点

1）同一照相机。

2）同一位置，同一高度，同一方向。

3）针对同一目标物体。

4）隔时（第一阶段，第二阶段，第三阶段）连续拍摄。

2. 定点摄影改善前后对比（图 2-2 ～图 2-7）

图 2-2　车间定点摄影改善前 1

图 2-3　车间定点摄影改善前 2

图 2-4　车间定点摄影改善前 3

图 2-5　车间定点摄影改善后

图 2-6　仓库定点摄影改善前

图 2-7　仓库定点摄影改善后

2.3 "洗澡"运动

1. "洗澡"运动的要求

要求漆见本色，铁见光，让物品重换新颜。

2. "洗澡"运动的改善步骤

1）对年久失修的墙壁、门窗、地板和顶棚进行修补、翻新。

2）对设备灰尘、油污、锈迹进行清洗。

3）对机械固件松动、脱落，电器线路松落进行紧固、绑定等修护。

4）对地面、器具凹陷损坏进行修补。

5）对各机械、工具老化脱漆进行重新刷漆翻新等。

"洗澡"运动改善前的模具车间、设备状况如图 2-8、图 2-9 所示。

图 2-8　改善前的模具车间

图 2-9　改善前的设备状况

改善后如图 2-10、图 2-11 所示。

图 2-10　改善后的模具车间

图 2-11　改善后的设备状况

2.4　PDCA 循环

PDCA 循环是一个科学的管理模型，PDCA 是 4 个英文单词的首字母，具体说明如下：

1）P（Plan）：计划，分析现状，找出原因，分析各种影响因素或原因，找出主要影响因素，针对主要原因，制定措施计划。

2）D（Do）：实施，实施计划。

3）C（Check）：检查，检查计划执行情况。

4）A（Action）：处理，总结成功经验，制定相应标准，把未解决或新出现的问题转入下一个 PDCA 循环。

PDCA 循环如图 2-12 所示。PDCA 循环的 4 个阶段可细分为 8 个步骤，每个步骤的具体内容和所用方法见表 2-1。

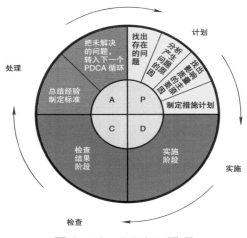

图 2-12　PDCA 循环

表 2-1　PDCA 循环的步骤与主要方法

阶段	步骤	主要方法
P	1）分析现状，找出问题	排列图、直方图、控制图
	2）分析各种影响因素或原因	因果图
	3）找出主要影响因素	排列图、相关图
	4）针对主要原因，制定措施计划	回答"5W1H" 为什么制定该措施（Why） 达到什么目标（What） 在何处执行（Where） 由谁负责完成（Who） 什么时间完成（When） 如何完成（How）
D	5）实施计划	

（续）

阶段	步骤	主要方法
C	6）检查计划执行情况	排列图、直方图、控制图
A	7）总结成功经验，制定相应标准	制定或修改工作规程、检查规程及其他有关规章制定
	8）把未解决或新出现的问题转入下一个 PDCA 循环	

2.5 5W2H（七问法）

5W2H 说明如下：

1）5W2H 是用 5 个以 W 开头的英语单词和两个以 H 开头的英语单词进行设问，发现问题的线索，寻找解决思路，进行设计构思，从而达到解决问题的目的。

2）通过对问题反复多次地提出质疑，从而挖掘出问题的真正根源以求改善。考虑问题和分析原因的方法如图 2-13 所示。

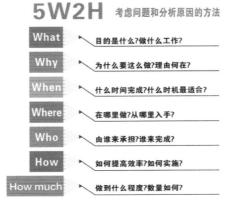

图 2-13 考虑问题和分析原因的方法

3）找到真正的原因并采取对策，杜绝类似问题重复发生。

用 5W2H 分析机器突然停机停线的原因与解决方法见表 2-2。

表 2-2　用 **5W2H** 分析机器突然停机停线的原因与解决方法

次数	为什么	原因	解决对策
1	为什么停止	电动机超负荷，熔丝断了	更换熔丝
2	为什么超负荷	润滑油不足	增大泵的容量
3	为什么润滑油不足	因为泵没有充分吸入润滑油	更换泵
4	为什么不能充分吸入	泵的轴受到异常磨损，松了	更换泵
5	为什么轴受到异常磨损	润滑油中混有磨损的金属粉屑	在润滑油的入口处装滤网
6	如何实施	因为更换泵，需要添加滤网	申请上报
7	需要多少钱	因为更换泵、添加滤网需要钱，进行成本核算	采购泵与滤网并安装

2.6　目视管理

进行目视管理的优势如下：

1）无论谁都能判断好坏或异常与否。

2）能迅速判断，精度高。

3）判断结果不因人而异。

进行现场目视管理后的效果如图 2-14 ～图 2-17 所示。

图 2-14　文件目视案例

图 2-15　空调小飘带目视案例

图 2-16　仪表盘目视案例

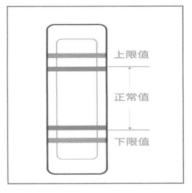

图 2-17　液位点目视案例

2.7　看板管理

1. 看板管理的类型

看板管理有两种类型：

1）显示屏看板（虚拟板），如图 2-18 所示。随着信息技术的发展，看板管理已进入数字化时代。

028

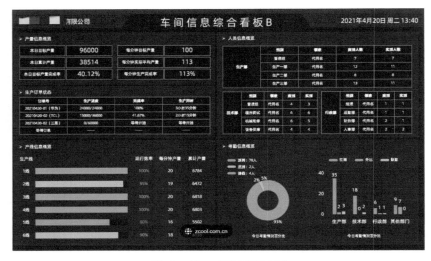

图 2-18　显示屏看板

2）铝型材实体看板（白板或黑板），如图 2-19 所示。实体板的一个优点是它"永远在线"，易于设置并且易于向他人展示，通常是与其他团队沟通的最佳方式。

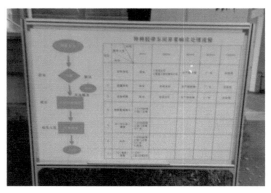

图 2-19　铝型材实体看板

2. 看板管理的作用

1）准确传播信息，统一认识。

2）帮助管理，防微杜渐。

3）强势宣传，形成改善意识。

3. 看板设计的总体要求

1）设计合同，容易维护。

2）信息动态，一目了然。

3）内容丰富，引人注目。

4）位置适当，容易阅读。

4. 常见的看板管理

1）6S 管理看板。

2）生产管理看板。

3）设备管理看板。

4）品质管理看板。

5）项目进度看板。

6）仓库管理看板。

7）作业看板。

8）安全管理看板。

9）精益生产看板。

10）优秀员工看板等。

看板设计模板请参见第 10 章看板管理设计样式。

2.8 形迹管理

1. 什么是形迹管理

形迹管理是"6S 管理"活动中的一种管理方法，它是根据物品或工具的"形"来管理归位，即将物品的投影形状描画在保管器具或墙上，作业人员根据物品的形状进行归位、对号入座。

2. 形迹管理的作用

1）减少寻找时间。

2）实现易取、易用、易归位。

3）能及时发现异常。

形迹管理实际案例如图 2-20、图 2-21 所示。

图 2-20 夹具形迹管理实例

图 2-21 工具形迹管理实例

第3章
现场布局规划设计

现场布局规划管理是工厂生产过程中组织的一项先行工作。布局合理与否，在一定程度上决定了生产效率的高低。

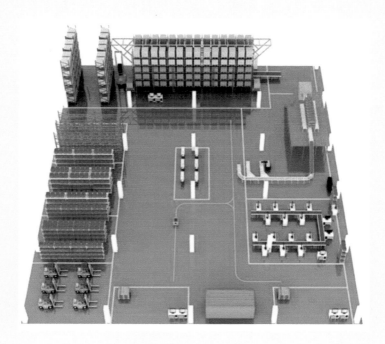

3.1 车间布局五步法

第一步：了解车间目前的情况，如工艺布局、工艺流程、物流路线等。

第二步：分析工厂原有布局的缺陷，了解工厂未来的发展方向。

第三步：了解产能需求和客户的需求，平衡设备和人员的产能。

第四步：进行物流规划，绘制车间主要平面图，规划主通道、人行通道、物流通道等位置，制定机器设备、物料搬运等要求。

第五步：优化设计，不断打磨规划方案，达成共识，确认最终工厂规划方案，制定实施方案计划，开始搬厂。

3.2 有序的布局路线设计图

车间布局决定 6S 的成败。布局规划与生产线设计是提高效率的基础。好的布局路线设计图可使生产周期短、成本低，现场一目了然，如图 3-1 ～图 3-3 所示。

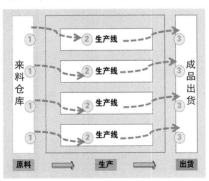

图 3-1　有序的生产线布局

033

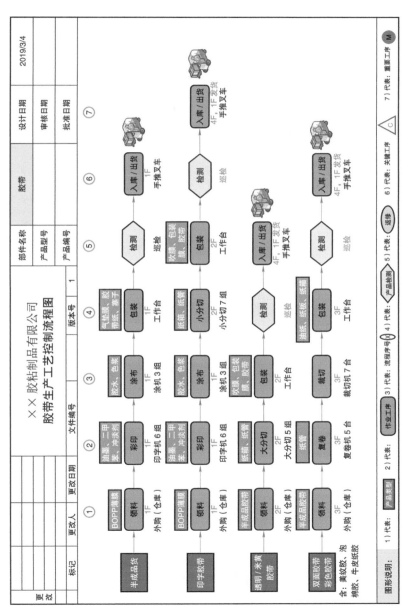

图3-2 分析生产流程与生产设备顺序关系示例

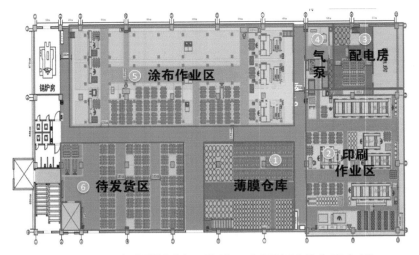

图 3-3　现场规避断流、乱流、交叉流工艺生产布局

3.3　乱流的路线图

　　乱流的布局导致生产链断裂，会出现物料堆积、停滞、等待、搬运、不良、库存等，使现场无法达到 6S 标准，如图 3-4 所示。

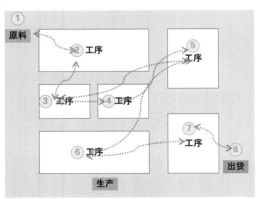

图 3-4　乱流布局示意图

规划设计改善前后对比如图 3-5、图 3-6 所示。

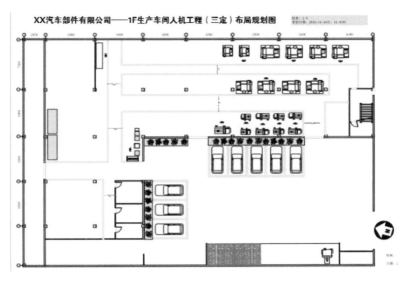

图 3-5　改善前：人机布局不合理，物流通道易堵塞

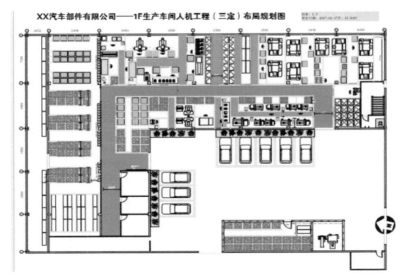

图 3-6　改善后：一人多机，效率提高，通道合并，节约空间

3.4 车间"字形"布局设计

车间"字形"布局设计有"一"字形、"十"字形、"井"字形、"田"字形,如图 3-7 ~图 3-10 所示。

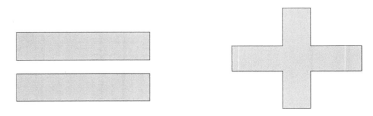

图 3-7 车间"一"字形布局法 图 3-8 车间"十"字形布局法

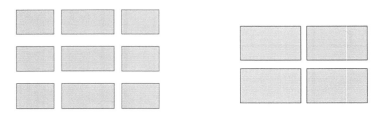

图 3-9 车间"井"字形布局法 图 3-10 车间"田"字形布局法

3.5 生产线"图形"布局设计

生产线"图形"布局设计有"一"字图形、"U"字图形、"L"字图形、"M"字图形,如图 3-11 ~图 3-14 所示。

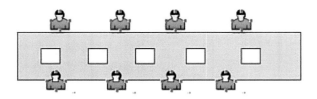

图 3-11 生产线"一"字图形设计

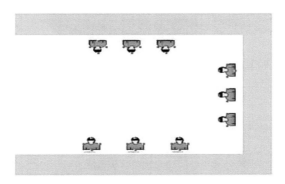

图 3-12　生产线 "U" 字图形设计

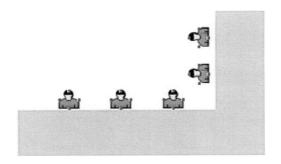

图 3-13　生产线 "L" 字图形设计

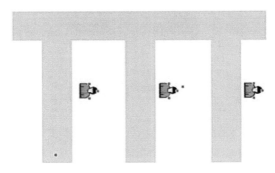

图 3-14　生产线 "M" 字图形设计

3.6 有序的机械厂车间布局案例

有序的机械厂车间布局案例如图 3-15 所示。

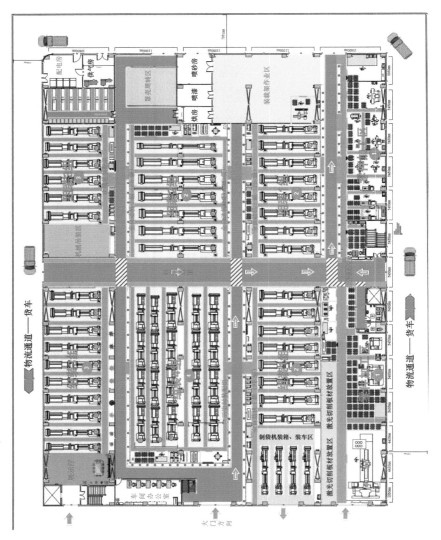

图 3-15 有序的机械厂车间布局案例

039

3.7 有序的数控车间布局案例

有序的数控车间布局案例如图 3-16 所示。

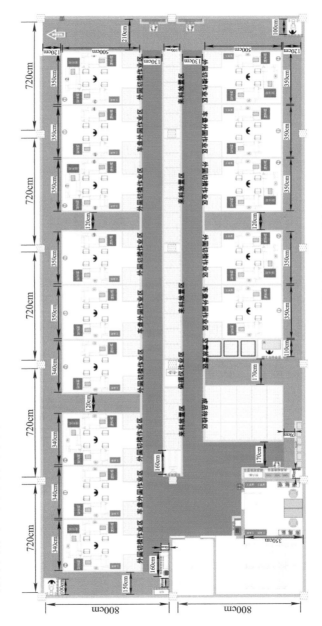

图 3-16 有序的数控车间布局案例

3.8 有序的装配车间布局案例

有序的装配车间布局案例如图 3-17 所示。

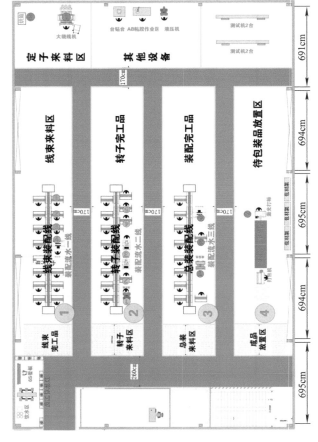

图 3-17 有序的装配车间布局案例

第4章
线条规划标准

6S 地面划线如通道线、定位线、斑马线、禁止线等都有不同的标准与颜色要求。

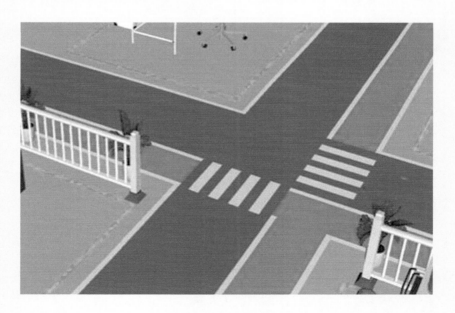

4.1　6S 划线的种类及适合场景

6S 划线的种类及适合场景见表 4-1。

表 4-1　6S 划线的种类及适合场景

序号	基准颜色	适合场景	规格	颜色或名称
1		通道区分线	线宽 5 ～ 12cm	黄色、白色
2		人行通道	线宽 60 ～ 100cm	浅灰色、企业色
3		物流通道	线宽 120 ～ 400cm	绿色、企业色
4		斑马线	线宽 30cm、间隔 30cm	白色
5		定位线	线宽 5cm	白色、黄色、绿色
6		警示线	线宽 5 ～ 10cm、斜 45°	虎纹线
7	禁止堵塞	防堵线	线宽 5cm	黄色网格线
8	消防设施 严禁堵塞	禁止线	与设施同宽	红白相间
9		可移动或进出口	线宽 5cm	虚线

4.2　工厂外围道路线标准

工厂外围道路线标准规定如下：

1）颜色：

①两侧白线。

②中间黄线。

③防撞黑白相间色。

④斑马线白色。

⑤车位线白色、黄色、蓝色（以示区分）。

2）工艺：冷喷划线或热熔划线（反光漆）。

3）规格：

①斑马线长 300cm，宽 45cm，间距 60cm。

②道路分割线宽 15cm，间距 15cm。

③道路边缘线宽 15cm。

④车位线宽 15cm。

4）依据：GB 5768.3—2009《道路交通标志和标线　第3部分：道路交通标线》。

外围道路线标准图解如图 4-1 所示，厂区划线案例如图 4-2 所示。

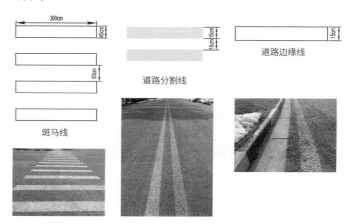

图 4-1　外围道路线标准图解

图 4-2　厂区划线案例

4.3 车间通道线标准

车间通道线标准规定如下：

1）颜色：黄色、绿色、浅灰色。

2）材质：环保油漆或地贴胶带纸。

3）规格：

①物流通道宽 120 ～ 400cm。

②人行通道宽 60 ～ 100cm。

③通道区分线宽 5 ～ 12cm。

车间通道线标准图解如图 4-3 所示，实际划线案例
如图 4-5 ～图 4-7 所示。

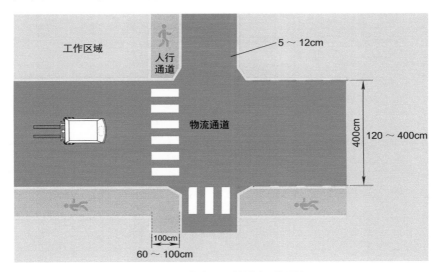

图 4-3 车间通道线标准图解

4.4 车间斑马线标准

车间斑马线标准规定如下：

1）颜色：白色或黄色。

2）材质：环保油漆或地贴胶带纸。

3）规格：斑马线线宽 30cm、间距 30cm、斜角 45°。

车间斑马线标准图解如图 4-4 所示，实际划线案例如图 4-5 ～图 4-7 所示。

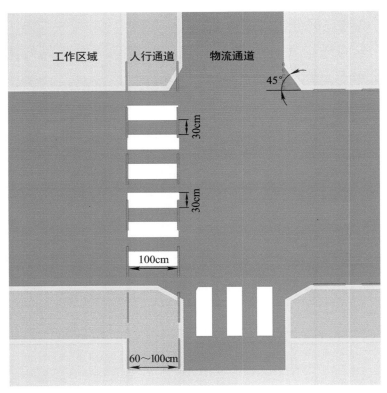

图 4-4 车间斑马线标准图解

图 4-5　绿色物流通道斑马线案例

图 4-6　蓝色物流通道斑马线案例

图 4-7 灰色物流通道斑马线案例

4.5 L 角定位线标准

L 角定位线标准规定如下：

1）颜色：黄色、红色、绿色。

2）材质：环保油漆或地贴胶带纸。

3）规格：线宽 5cm，边长 10cm，线与器具间距 3 ～ 5cm。

4）用途：对移动式物品定位。

直角、倒角定位线标准图解如图 4-8、图 4-9 所示，实际案例如图 4-10 所示。

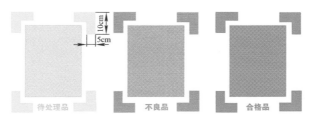

图 4-8 直角定位线标准图解

图 4-9 倒角定位线标准图解

图 4-10 L 角定位线案例

4.6　物料存放定位线标准

物料存放定位线标准规定如下：

1）颜色：黄色、白色、绿色（单选一色）。

2）材质：环保油漆或地贴胶带纸。

3）规格：线宽 5cm，边长根据实物尺寸定，线与物品间距 3 ～ 5cm。

4）说明：实线表示固定、不可移动，虚线表示可移动或进出口。

不移动物品定位线标准图解如图 4-11 所示，实际案例如图 4-12、图 4-13 所示。

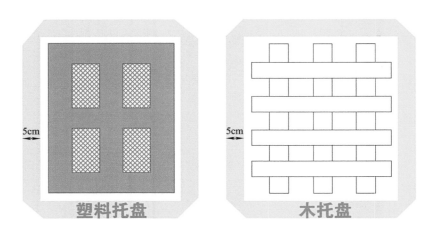

图 4-11　不移动物品定位线标准图解

图 4-12　车间物料区定位线案例

图 4-13　车间作业区定位线案例

4.7 物流车定位线标准

物流车定位线标准规定如下：

1）颜色及样式：黄色、白色、绿色的半封闭线（单选一色）。

2）材质：环保油漆或地贴胶带纸。

3）规格：线宽 5cm，边长根据实物尺寸定，线与物品间距 5cm 内。

4）适用：叉车、推车、地摊车、电动叉车等车间物流车。

物流车定位线标准图解如图 4-14 所示，实际案例如图 4-15、图 4-16 所示。

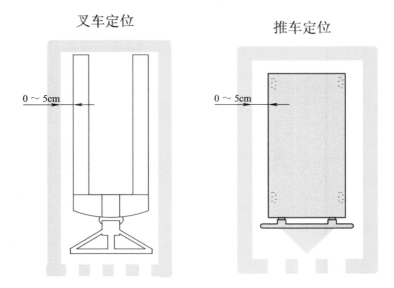

图 4-14 物流车定位线标准图解

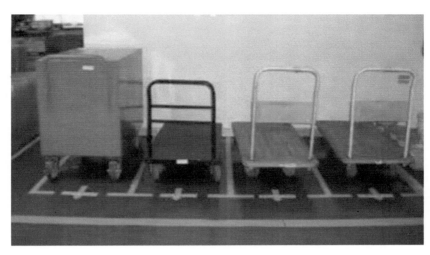

图 4-15 物流车定位线案例 1

图 4-16 物流车定位线案例 2

4.8　防撞警示线标准

防撞警示线标准规定如下：

1）颜色：黄黑色相间。

2）材质：PU（聚氨基甲酸酯，简称聚氨酯）、橡胶。

3）规格：与设施同宽。

4）应用：设备、楼梯边角、物流通过的门、围栏角等易碰撞区域。

防撞警示线案例如图 4-17 所示。

图 4-17　防撞警示线案例

4.9　建筑物防撞警示线标准

建筑物防撞警示线标准规定如下：

1）颜色：黄黑色相间。

2）材质：PU、橡胶。

3）规格：柱防撞条高 100～120cm，护栏根据区域来定。

4）适用：墙角、柱子、护栏等易碰撞区域。

建筑物防撞警示线案例如图 4-18 所示。

图 4-18　建筑物防撞警示线案例

4.10　防堵线标准

防堵线标准规定如下：

1）颜色和形状：黄色网格线。

2）材质：环保油漆、地贴胶带纸。

3）工艺：冷喷划线或热熔划线（反光漆）。

4）规格：线宽 5 ～ 20cm。

5）适用：重要出入库口、货梯口、大门口等。

防堵线标准图解如图 4-19 所示，实际案例如图 4-20、图 4-21 所示。

图 4-19 防堵线标准图解

图 4-20 通道门口防堵线案例

图 4-21 电梯口防堵线案例

4.11 消防设施禁止线标准

消防设施禁止线标准规定如下：

1）颜色：红白色相间。

2）材质：环保油漆或地贴胶带纸。

3）规格：与消防设施同宽，长 100cm。

4）备注：线与线之间的间距可变动。

消防设施禁止线标准图解如图 4-22 所示，实际案例如

图 4-23 所示。

图 4-22　消防设施禁止线标准图解

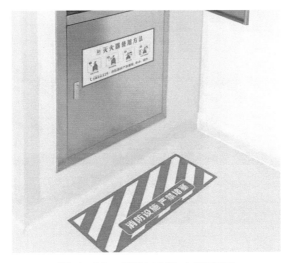

图 4-23　消防栓禁止线案例

4.12 电控箱禁止线标准

电控箱禁止线标准规定如下：

1）颜色：红白色相间。

2）材质：环保油漆或地贴胶带纸。

3）规格：与电控箱同宽，长 100cm 。

4）备注：线与线之间的间距可变动。

电控箱禁止线标准图解如图 4-24 所示，实际案例如图 4-25 所示。

图 4-24 电控箱禁止线标准图解 　图 4-25 电控箱禁止线案例

4.13 划线工具准备清单

划线工具准备清单如下：

1）用胶带划线，工具准备清单如图 4-26 所示。

1．干净拖把或抹布　　　2．美工刀　　　3．钢直尺

4．卷尺　　　5．记号笔　　　6．胶带

059

图 4-26　胶带划线工具

2）用油漆划线，工具准备清单如图 4-27 所示。

1．干净拖把或抹布　　　2．美工刀　　　3．钢直尺

4．卷尺　　　5．记号笔　　　6．美纹胶纸

7．油漆滚筒　　　8．环氧树脂漆　　　9．固化剂

图 4-27　油漆划线工具

第5章
厂区规划标准

厂区环境是一个公司的脸面，整洁规范的厂区会给人留下好的第一印象。做好厂区规划非常重要。

5.1 厂区规划八大要点

厂区规划八大要点如下：

1）厂区规划效果图绘制与评审。

2）找专业的施工队实施。

3）整体配色符合公司形象要求。

4）道路划线与交通标志符合国标要求。

5）安全标志符合国标要求。

6）绿化有专业人员保养。

7）标示要清晰，保障安全。

8）整体效果美观、安全、实用、环保。

5.2 厂区目视化

厂区目视化是指厂区内道路线、交通指示设施、车位线、指示牌、垃圾桶、楼栋编号、宣传栏等设施一应俱全。厂区目视化效果图、厂区效果图如图 5-1、图 5-2 所示。厂区规划实际案例如图 5-3 所示。

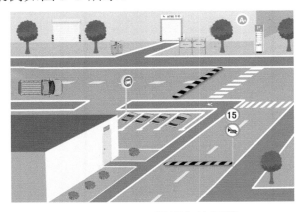

图 5-1　厂区目视化效果图

图 5-2 厂区效果图

图 5-3 厂区规划实际案例

5.3 厂区门口防堵线标准

厂区门口防堵线标准规定如下：

1）颜色和形状：黄色网格线。

2）工艺：黄色热熔划线。

3）规格：线宽 5 ~ 20cm（可根据面积大小调整）。

4）说明：与门一样宽。

厂区门口防堵线标准图解如图 5-4 所示，实际案例如图 5-5 所示。

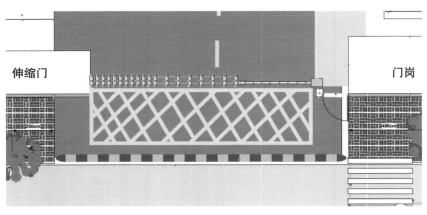

图 5-4　厂区门口防堵线标准图解

图 5-5　厂区门口防堵线实际案例

5.4　厂区道路线标准

厂区道路线标准规定如下：

1）颜色：中间黄线，两侧白线。

2）工艺：白色、黄色热熔划线或冷喷漆。

3）规格：斑马线宽 45cm、间距 60cm、线长 300cm，中间黄线宽 15cm，边缘白线宽 15cm。

4）说明：路宽大于 300cm 时，边缘白线间隔 40cm。

厂区道路线标准图解如图 5-6 所示，实际案例如图 5-7、图 5-8 所示。

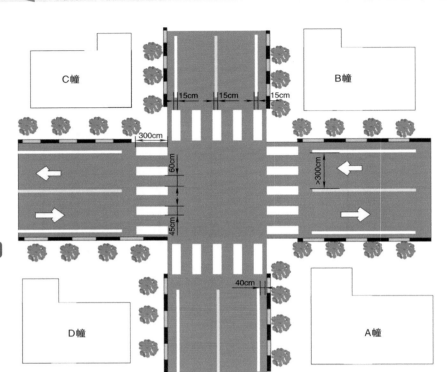

图 5-6 厂区道路线标准图解

图 5-7 厂区道路线实际案例 1

图 5-8　厂区道路线实际案例 2

5.5　厂区综合指示牌

厂区综合指示牌标准如下：

1）颜色：企业配色。

2）户外材质：不锈钢烤漆、镀锌板烤漆、3M 反光膜。

3）规格：50cm×200cm（可根据厂区需求定）。

4）说明：必要时可加厂区平面图。

厂区综合指示牌设计样版如图 5-9、图 5-10 所示，厂区指引牌案例如图 5-11、图 5-12 所示。

图 5-9　厂区警示牌

图 5-10　厂区指引牌

图 5-11　厂区指引牌案例 1

图 5-12　厂区指引牌案例 2

5.6　厂房编号标准例

1. 厂房编号标准例 1

厂房编号标准例 1 如图 5-13 所示，实际案例如图 5-14、图 5-15 所示。

1）颜色：企业配色。

2）户外材质：不锈钢烤漆、镀锌板烤漆、3M 反光膜。

3）规格：自定（根据厂房大小、高低定）。

4）字体：字母型、字体加粗。

5）说明：低楼层厂房编号可选其一位置安装，不需上下都安装。

楼栋下方　　　　　　　　楼栋上方

图 5-13　厂房编号标准例 1

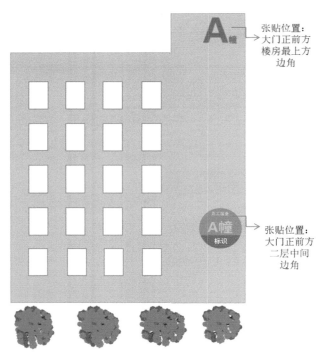

图 5-14　厂房编号实际案例 1

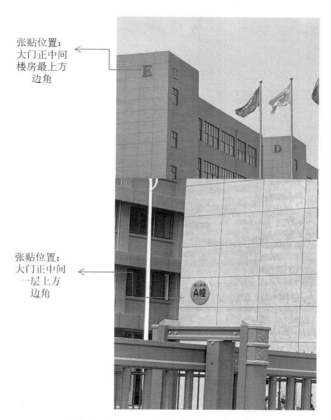

张贴位置：
大门正中间
楼房最上方
边角

071

张贴位置：
大门正中间
一层上方
边角

图 5-15　厂房编号实际案例 2

2. 厂房编号标准例 2

厂房编号标准例 2 如图 5-16 所示，实际案例如图 5-17、图 5-18 所示。

1）颜色：企业配色。

2）户外材质：不锈钢烤漆、镀锌板烤漆、3M 反光膜。

3）规格：自定（根据厂房大小、高低定）。

4）字体：数字型、字体加粗。

5）说明：低楼层厂房编号可选其一位置安装，不需上下都安装。

图 5-16　厂房编号标准例 2

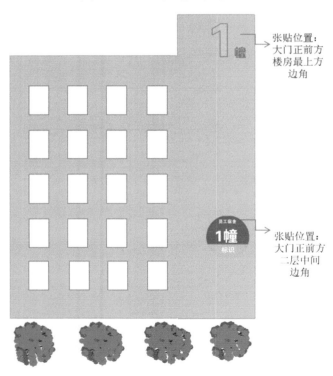

图 5-17　厂房编号实际案例 3

低厂房张贴位置：
一层楼房：大门正前方最上方
二层楼房：二楼厂房外墙边
三层楼房：三楼厂房外墙边

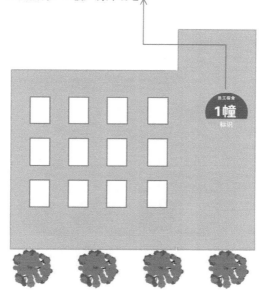

图 5-18　厂房编号实际案例 4

5.7　厂外墙标识

厂外墙标识要求：

1）颜色：企业标识色。

2）位置：厂区大门正面（左上方、右上方、中上方）。

3）规格：自定（根据厂房大小、高低定）。

4）目的：容易看到、比较明显位置（道路方向）。

厂外墙标识位置样板如图 5-19 所示。实际样板如图 5-20～图 5-22 所示。

图 5-19　厂外墙标识位置样板

图 5-20　标识右上角位置样板 1

图 5-21　标识右上角位置样板 2

图 5-22　标识右上角位置样板 3

5.8　井盖目视化颜色基准

井盖目视化颜色名称根据 GB/T 3181—2008 的规定为准，井盖（盖板）表面涂色见表 5-1。

表 5-1　井盖（盖板）表面涂色

序号	名称	颜色	备注
1	消防井	大红	消防（XF）
2	污水井	黑	污水（WS）
3	供水井	艳绿	供水（GS）
4	雨水井	天（酞）蓝	雨水（YS）
5	电信井	中（酞）蓝	电信（DX）
6	管线或其他设备设施检查井	同对应地面主要管线或其他设备设施表面涂相同色	管线或其他设备名称（或名称首字母）

5.9　井盖目视化标准

井盖目视化标准如下：

1）颜色：颜色名称执行 GB/T 3181—2008。

2）规格：边缘黄线宽 30 ～ 50mm。

3）材质：涂色油漆。

4）说明：管线采用不同的颜色，可与设施表面颜色相同。

井盖颜色应用示例如图 5-23 所示，实际案例如图 5-24 所示。

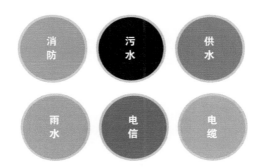

图 5-23　井盖颜色应用示例

图 5-24　井盖目视化实际案例

5.10　路沿目视化标准

路沿目视化标准如下：

1）颜色：黄黑色相间。

2）规格：一块砖一个色。

3）材质：黑色普通油漆，黄色普通油漆与反光漆。

4）说明：若没有砖块间隔，可每 50cm 一个色。

路沿目视化示例图如图 5-25 所示，实际案例如图 5-26、图 5-27 所示。

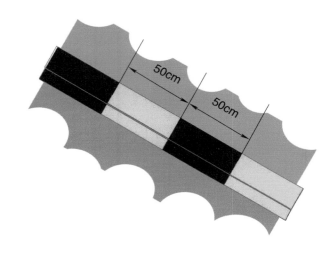

图 5-25　路沿目视化示例图

图 5-26　路沿实际案例 1

图 5-27　路沿实际案例 2

5.11　停车位划线标准

停车位划线标准如下：

1）颜色：白色、黄色、蓝色。

2）规格：线宽 15cm，正方形长、宽为 550cm×250cm；斜形长、宽为 560cm×325cm（可根据实地与车型情况调整尺寸）。

3）工艺：热熔划线或冷喷漆。

4）说明：车尾部可设置定位阻挡栏杆（高 15cm）。

车位划线标准如图 5-28、图 5-29 所示，实际案例如图 5-30、图 5-31 所示。

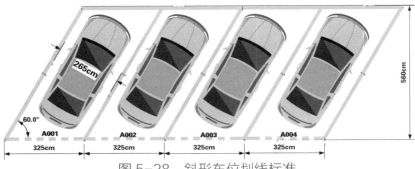

图 5-28　斜形车位划线标准

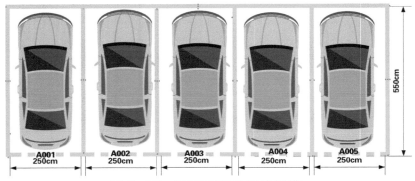

图 5-29　正方形车位划线标准

图 5-30　停车场案例 1

图 5-31   停车场案例 2

5.12　停车区标示牌标准

停车区标示牌标准如下：

1）颜色：蓝色。

2）规格：总高 270cm，牌面长、高为 70cm×50cm。

3）材质：不锈钢烤漆。

4）说明：底座用螺钉固定。

停车位标示牌样板如图 5-32 所示，实际案例如图 5-33、图 5-34 所示。

图 5-32 停车位标示牌样板

图 5-33 停车位标示牌实际案例 1

图 5-34　停车位标示牌实际案例 2

5.13　厂区绿化标示牌与修剪维护标准

1. 厂区绿化标示牌标准

1）颜色：自选（企业配色）。

2）规格：高 30 ～ 50cm，牌面长 12cm、高 10cm。

3）材质：镀锌板烤漆。

4）说明：树木悬挂应离地面 1.5m 高处悬挂。

厂区绿化标示牌样板如图 5-35 所示，实际案例如图 5-36、图 5-37 所示。

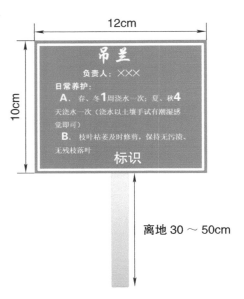

图 5-35　厂区绿化标示牌样板

图 5-36　厂区绿化标示牌案例 1　图 5-37　厂区绿化标示牌案例 2

2. 厂区绿化修剪维护标准

厂区绿化修剪维护实际案例如图 5-38 ～图 5-41 所示。

图 5-38　植物修剪前　　　　图 5-39　植物修剪后

图 5-40　绿化维护前

图 5-41　绿化维护后

5.14　厂区垃圾桶目视化标准

厂区垃圾桶目视化标准如下：

1）分类：可回收物、有害垃圾、厨余垃圾、其他垃圾。

2）规格：根据容器大小来定。

3）材质：PP 胶写真贴。

4）说明：根据 GB/T 19095—2019《生活垃圾分类标志》。

厂区垃圾桶分类标示样式如图 5-42 所示，实际案例如图 5-43 ～图 5-46 所示。

图 5-42　厂区垃圾桶分类标示样式

图 5-43　厂区垃圾桶实际案例 1

图 5-44　厂区垃圾桶实际案例 2

图 5-45　厂区四色垃圾桶实际案例：不带轮（不可移动）

图 5-46 厂区四色垃圾桶实际案例：带轮（可移动）

5.15 厂区宣传栏设置

厂区宣传栏设置如下：

1）颜色：根据企业情况配色。

2）规格：见图 5-47。

3）材质：不锈钢 + 白板。

厂区宣传栏样板如图 5-47 所示，实际案例如图 5-48、图 5-49 所示。

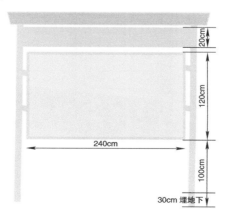

图 5-47 厂区宣传栏样板

图 5-48　厂区宣传栏实际案例 1

图 5-49　厂区宣传栏实际案例 2

5.16　紧急疏散集合点标准

紧急疏散集合点标准如下：

1）颜色：绿色。

2）规格：总高 230cm，牌面宽 50cm、高 70cm。

3）材质：不锈钢烤漆。

4）说明：参考 GB 2894—2008《安全标志及其使用导则》。

紧急疏散集合点标示牌示例如图 5-50 所示，紧急集合点标示牌实际案例如图 5-51 所示。

图 5-50　紧急疏散集合点标示牌示例

图 5-51　紧急集合点标示牌实际案例

第6章
生产车间标准

　　生产车间是企业最核心的区域。生产车间维持一个高标准的 6S 现场极为重要，不仅能得到客户的认可，而且能提高企业形象。

6.1 车间员工着装规范

车间员工着装规范如下：

1）颜色：参考企业配色。

2）具体要求：①上班前穿整齐工衣工鞋，保持仪容整洁（图 6-1）；②厂铭牌佩戴左胸正面，口袋正中位置（图 6-1）。

3）着装标准目视化：以海报形式悬挂在车间入口处（更衣室）。

车间员工着装规范如图 6-1 所示。

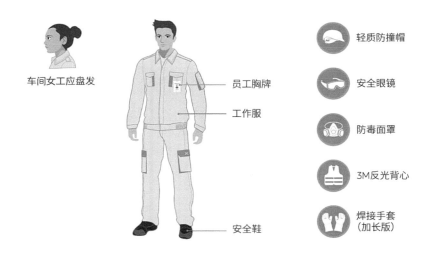

车间女工应盘发

员工胸牌

工作服

安全鞋

轻质防撞帽

安全眼镜

防毒面罩

3M反光背心

焊接手套
（加长版）

图 6-1　车间员工着装规范

6.2 车间道路和斑马线标准

车间道路和斑马线标准参考 4.3、4.4 节内容。

6.3 车间地面通道标示方式

车间地面通道标示方式:

1) 颜色: 企业色 + 安全色。

2) 材质: PVC 地贴(可喷漆)。

3) 规格: 30cm×30cm。

车间地面通道标示样式如图 6-2 所示, 实际案例如图 6-3 所示。

图 6-2 车间地面通道标示样式

图 6-3 车间地面通道标示案例

6.4 车间地面导向标示方式

车间地面导向标示方式如下：

1）颜色：企业色 + 安全色。

2）材质：PVC 地贴（可喷漆）。

3）规格：30cm×30cm。

车间地面导向标示样式如图 6-4 所示。

图 6-4　车间地面导向标示样式

6.5 车间物品区域标示方式

车间物品区域标示方式如下：

1）颜色：绿色。

2）材质：有机玻璃 + 自喷漆。

3）规格：字高 8cm 或自定义。

车间物品区域标示样板如图 6-5 所示，实际案例如图 6-6 所示。

成品待发区	外框60cm×20cm 字高8cm
叉车放置区	外框60cm×20cm 字高8cm
木条放置区	外框60cm×20cm 字高8cm

图 6-5　车间物品区域标示样板

图 6-6　车间物品区域标示实际案例

6.6　车间建筑防撞目视方式

车间建筑防撞目视方式：

1）颜色：黄色＋黑黄防撞条。

2）材质：油漆＋橡胶（铁柱用 PVC 胶）。

3）规格：高 120cm 或自定义。

4）目的：防撞＋提示。

柱子防撞目视化样板、案例如图 6-7 ～图 6-9 所示。

高 120cm

图 6-7　柱子防撞目视化样板

图 6-8　柱子防撞目视化案例 1

图 6-9　柱子防撞目视化案例 2

6.7　物流车定位线标准

物流车定位线标准参考 4.7 节。

6.8　清洁工具及其放置标准

清洁工具及其放置标准如下：

1）配置：扫把、拖把、簸箕、抹布（根据需求来定）。

2）规格：扫把架高 155cm、长 120cm、宽 40cm。

3）材质：不锈钢、铁。

4）要求：扫把、拖把悬挂整齐，上平齐或下平齐。

清洁工具放置定位示范图如图 6-10 所示。

图 6-10　清洁工具放置定位示范图

6.9　垃圾桶设置标准

垃圾桶设置标准如下：

1）分类：可回收物、不可回收物、其他垃圾、有害垃圾。

2）规格：根据容器大小来定。

3）材质：标志采用带胶贴纸。

4）说明：参考 GB/T 19095—2019《生活垃圾分类标志》。

垃圾桶分类目视示范图如图 6-11 所示，车间垃圾桶摆放与标示案例如图 6-12 所示。

图 6-11 垃圾桶分类目视示范图

图 6-12 车间垃圾桶摆放与标示案例

6.10 工具放置标准与标示

1. 工具柜中的工具

1）未使用时，应保持关闭状态。

2）应随时保持清洁，确保工具柜没有灰尘。

2. 工具车中的工具

1）在工具柜上刻出工具的形状（行迹管理）。

2）在每个工具的位置上贴标签。

3）分层摆放，每层指定相同类型的工具。

4）拿取后、使用完后应随手关上抽屉。

工具陈列规范及放置案例如图 6-13～图 6-18 所示。

均载 300kg/ 板厚 0.8mm/4in 脚轮

图 6-13　工具陈列规范（1in=0.0254m）

图 6-14 工具车标准案例

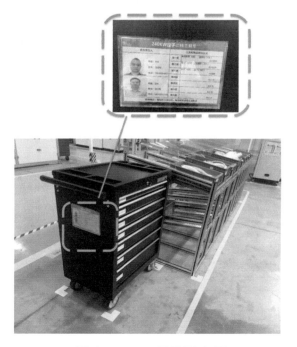

图 6-15 工具放置案例 1

图 6-16　工具放置案例 2

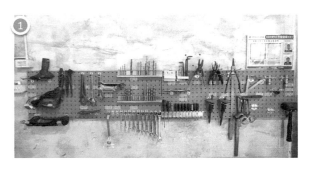

工具管理标准卡

图 6-17　工具放置案例 3

图 6-18 工具放置案例 4

6.11 常用作业台制作规范

常用作业台制作规范如下：

1）颜色：企业色。

2）材质：钢材。

3）规格：自定义。

常用作业台有：包材物料车、首检放置架、双工位台钻台、单工位台钻台、仪表台、装配台、维修台、钳工台、检验台、工具柜。

包材物料车设计样图如图 6-19 所示。常用作业台样板如图 6-20～图 6-29 所示。

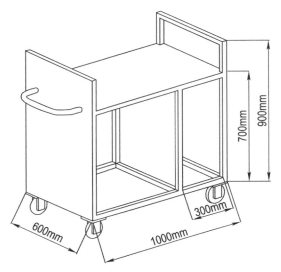

图 6-19 包材物料车设计样图

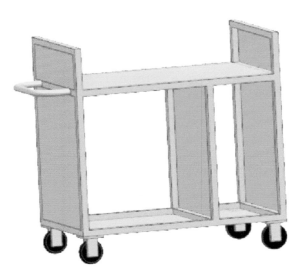

图 6-20 包材物料车样板

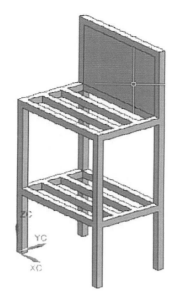

图 6-21 首检放置架样板

图 6-22 双工位台钻台样板

图 6-23 单工位台钻台样板

图 6-24 仪表专用作业台样板

图 6-25 装配台样板

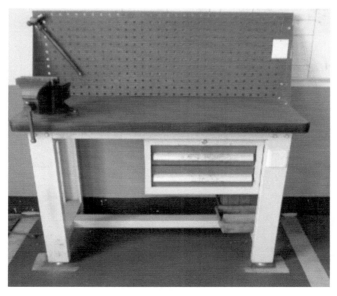

图 6-26 维修台样板

图 6-27　钳工台样板

图 6-28　检验台样板

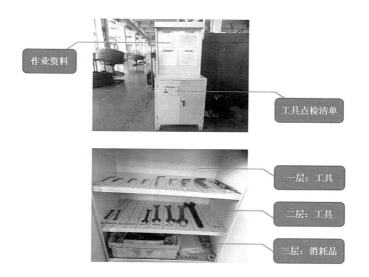

作业资料

工具点检清单

一层：工具

二层：工具

三层：消耗品

图 6-29　作业台与工具柜样板

6.12　作业区的定位标示方式

以数控加工作业区定位标示方式为例来说明，具体如下：

1）区域：数控加工作业区。

2）要求：容器定位，地面喷标示字（高 5 ～ 8cm）。

3）规格：定位线宽 5cm，线离物品 3 ～ 5cm。

数控加工作业区定位标准平面图示例如图 6-30 所示，实际定位案例如图 6-31 所示。

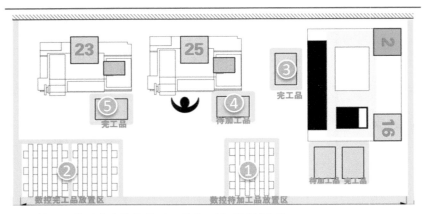

☆工料、工件对准定位线放平、放齐；清理区域杂物！

图 6-30   数控加工作业区定位标准平面图示例

图 6-31   数控加工作业区实际定位案例

①—数控来料   ②—数控完工品   ③、⑤—已加工品   ④—待加工品

冲压作业区定位案例、流水线作业区定位案例、装配作业区定位案例如图 6-32 ～图 6-34 所示。

图 6-32　冲压作业区定位案例

图 6-33　流水线作业区定位案例

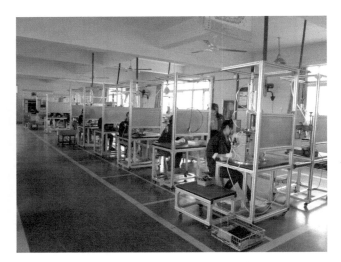

图 6-34　装配作业区定位案例

6.13　工序名称标示方式

工序名称标示方式如下：

1）区域：作业区。

2）规格：可自定义。

3）颜色：参考企业色。

工序名称标示样式如图 6-35 所示，实际案例如图 6-36、图 6-37 所示。

普通工位

关键工位

图 6-35　工序名称标示样式

图 6-36　工序名称实际案例 1

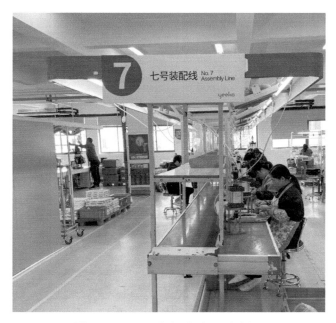

图 6-37　工序名称实际案例 2

6.14 工装模具标示方式

工装模具标示方式如下：

1）颜色：企业色。

2）材质：亚克力（又叫 PMMA 或有机玻璃）、卡纸。

3）规格：自定义。

工装模具标示样式如图 6-38 所示。模具摆放标准案例如图 6-39、图 6-40 所示，工装模具摆放标准案例如图 6-41、图 6-42 所示。

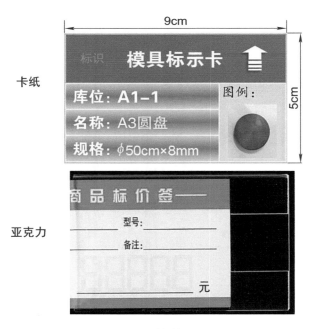

图 6-38　工装模具标示样式

图 6-39　模具摆放标准案例 1

图 6-40　模具摆放标准案例 2

图 6-41　工装模具摆放标准案例 1

118

图 6-42　工装模具摆放标准案例 2

6.15 物料定位线标准与标示

1. 一般物料定位线标准

1）颜色：黄色、红色、绿色。

2）材质：环保油漆或地贴胶带纸。

3）规格："L"线宽 5cm、边长 10cm，与器具最外边缘间距为 3 ～ 5cm。

4）适用：对移动式物品定位。

一般物品定位线示范如图 6-43 所示。

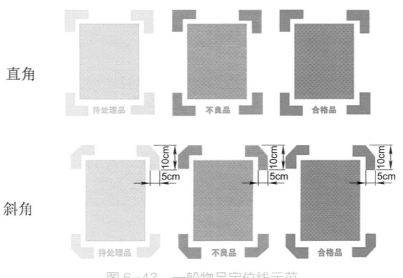

图 6-43 一般物品定位线示范

2. 物料定位线标准

1）颜色：黄色、白色、绿色（单选一色）。

2）材质：环保油漆或地贴胶带纸。

3）规格：线宽 5cm，边长根据实物尺寸定，与物品最外边缘间距 3 ～ 5cm。

4）实线和"L"线的区别：实线表示固定、不可移动，"L"线表示可移动或进出口。

物料定位线示范如图 6-44 所示，车间物品定位实际案例如图 6-45 ～图 6-48 所示。

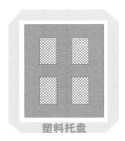

图 6-44　物料定位线示范

图 6-45　废品放置区定位案例

图 6-46　不合格品放置区定位案例

图 6-47　物料定位标准案例

图 6-48　物料定位划线案例

6.16   设备设施目视化标示方式

1. 设备状态管理标示方式

1）规格：9cm×6cm（可自定义）。

2）材质：PVC、铝。

3）区域：设备、仪器。

4）颜色：企业色。

设备状态管理标示设计样式如图 6-49 所示，设计案例如图 6-50、图 6-51 所示。

图 6-49   设备状态管理标示设计样式

图 6-50　设备状态管理标示案例 1

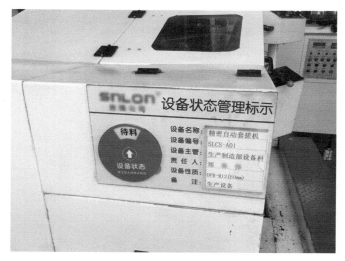

图 6-51　设备状态管理标示案例 2

2. 阀门开关状态标示方式

1）目的：明确阀门的工作状态，在阀门正常工作时，容易判断阀门的开关状态，防止事故发生；在施工及维修过程中能迅速开关阀门。

2）材质：PVC 背胶。

3）颜色：深蓝色。

阀门开关标示案例如图 6-52 所示。

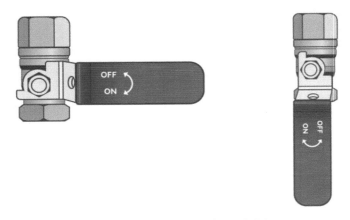

图 6-52　阀门开关标示案例

3. 仪表盘标示方式

1）颜色：正常范围为绿色，异常范围为红色。

2）材质：贴纸。

3）区域：标示于设备触摸屏或电气柜面板上。

仪表盘标示案例如图 6-53 所示。

图 6-53　仪表盘标示案例

4. 液位点标示方式

1）颜色：正常范围为绿色，异常范围为红色。

2）划线：异常临界点区分线为━。

3）材质：贴纸。

4）区域：标示于设备的液位柱（液位显示器）或液体容器上。

液位点标示案例如图 6-54 所示。

125

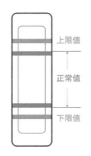

图 6-54　液位点标示案例

5. 管道标示方式

1）颜色：参考 GB 7231—2016《工业管道的基本识别色、识别符号和安全标识》。

2）目的：管道目视化管理。

管道标示案例如图 6-55 所示。

输送物质	标识图示	胶带	色带	案例
水	绿底白字	AB-GN-4612	ABR-WT-915	循环水
		AB-GN-4693	ABR-WT-4629	
水蒸气	红底白字	AB-RD-4608	ABR-WT-915	高压蒸汽
		AB-RD-4666	ABR-WT-4629	
空气	灰底白字	AB-GY-4686	ABR-WT-915	压缩空气
		AB-GY-4669	ABR-WT-4629	
气体	黄底黑字	AB-YL-4607	ABR-BK-913	天然气
		AB-YL-4657	ABR-BK-4635	
酸或碱	紫底白字	AB-PL-4610	ABR-WT-915	稀盐酸
		AB-PL-4672	ABR-WT-4629	
可燃液体	棕底白字	AB-BR-4611	ABR-WT-915	润滑油
		AB-BR-4678	ABR-WT-4629	
其他液体	黑底黄字	AB-BK-4689	ABR-YL-4779	排污
		AB-BK-4682	ABR-YL-4780	
氧	淡蓝白字	AB-BB-4690	ABR-WT-915	氧气

图 6-55　管道标示案例

6. 设备注油点标示方式

1）目的：防止设备注油人员加错油脂。

2）颜色：根据油类情况而变动。

3）材质：贴纸。

4）区域：标示于设备需补充或添加的位置旁。

设备注油点标示案例如图 6-56 所示。

图 6-56　设备注油点标示案例

7. 阀门开关标示方式

1）目的：易于判断阀门的开关状态，预防事故发生。

2）颜色：红色、绿色。

3）材质：亚克力。

4）区域：各类轮式阀门，悬挂于显眼位置。

阀门开关标示案例如图 6-57 所示。

图 6-57　阀门开关标示案例

6.17 作业文件目视化设置方式

作业文件目视化设置方式：

1）颜色：蓝色、绿色、浅灰色，可参考企业色。

2）材质：磁力相框 + 纸卡。

3）规格：A3、A4、A5 或自定义。

4）区域：设备 + 仪器。

作业文件卡套样式如图 6-58 所示。作业文件目视化案例如图 6-59 ～图 6-62 所示。

设 备 月 度 保 养 记 录 表

资产编号：　　　　　　　　　　　　　　　　　　日期：

日期 / 保养项目	1	2	3	4	5	6	7	8	9	10	11	12
1. 皮带是否断裂松紧，并调整												
2. 紧急停止开关是否正常												
3. 检查线路是否漏电												
4. 检查各传动轴有无磨损并更换												
5. 机器运行指示灯是否正常												
6. 机器有无液压油和机油												
7. 设备零件是否有松动												
8. 机器有无漏油漏水												
9. 检查电机有无缺相												
10. 设备及电箱卫生有无打扫												
保养员签名：												
部门确认签名：												
备 注												
以上检查正常打“√”　　不正常打“×”												

确认人签名：

图 6-58　作业文件卡套样式

图 6-59 作业文件目视化案例 1

图 6-60 作业文件目视化案例 2

图 6-61　作业文件目视化案例 3

图 6-62　作业文件目视化案例 4

6.18 物料车制作规范

物料车制作规范如下：

1）颜色：灰白（可自定义）。

2）材质：板材、三角铁、铝材等。

3）规格：自定义。

4）适用范围：电机行业、汽配行业、机械行业等。

物料车设计图如图 6-63 所示，设计案例如图 6-64 ～ 图 6-70 所示。

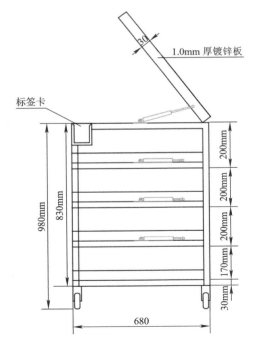

图 6-63 物料车设计图

图 6-64　产品物料车颜色样板案例

图 6-65　零件物料车样板案例 1

图 6-66　零件物料车样板案例 2

图 6-67　装配物料车样板案例 1

图 6-68 紧固件物料车样板案例

图 6-69 钣金物料车样板案例

图 6-70　装配物料车样板案例 2

6.19　实操道场设置方式

实操道场设置方式如下：

1）区域：车间区玻璃房、用柜子隔离、砖房（可自定义）。

2）说明：

①道场是先进的人才技能培养方式。

②道场是沙盘的升级版，工厂的仿真版。

③道场是"现地，现物，现实"思想的充分贯彻。

④道场可快速培养具有发现问题和改善问题能力、掌握高水平改善技能的管理者，是丰田、波音、通用、三星等 500 强制造企业所青睐的人才培养方式。

道场设置样板、装配道场如图 6-71、图 6-72 所示。

图 6-71 道场设置样板

图 6-72 装配道场（体验一个流、U 形线、线平衡、人机分离等）

6.20 车间员工休息区设置方式

车间员工休息区设置方式如下：

1）区域：车间区玻璃房、用柜子隔离、砖房（可自定义）。

2）面积：根据实地与人员情况来定。

3）目的：

①班组统一饮水区域，打造舒适作业环境。

②员工水杯编号标识，避免取错且易归位。

③衣物定点管理，保持工作环境整洁。

车间员工休息区设置样板如图 6-73 所示。

休息区配置：饮水机 1 个、茶杯架 1 个、垃圾桶 1 个、雨伞架 1 个、休息桌椅 1 套、物品柜 4 个。

图 6-73　车间员工休息区设置样板

私人物品柜标示方式：

1）颜色：企业色。

2）规格：高 7cm、宽 7cm。

3）材质：PP 胶写真贴。

4）区域：私人物品存放柜。

私人物品柜标示样式如图 6-74 所示。

图 6-74　私人物品柜标示样式

车间员工休息区设置案例如图 6-75～图 6-77 所示。

图 6-75　车间员工休息区设置案例 1

图 6-76　车间员工休息区设置案例 2

图 6-77　车间员工休息区设置案例 3

6.21 车间饮水区定位标示方式

车间饮水区定位标示方式如下：

1）颜色：自定义。

2）材质：3M 背胶。

3）规格：自定义。

4）区域：饮水机、开水房。

车间饮水区标示样式如图 6-78 所示，车间饮水机定位标示案例如图 6-79、图 6-80 所示。

图 6-78　车间饮水区标示样式

图 6-79　车间饮水机定位标示案例 1

图 6-80　车间饮水机定位标示案例 2

6.22　车间人员茶杯放置方式

车间人员茶杯放置方式如下：

1）材质：不锈钢、木材。

2）款式：落地式、壁挂式。

3）规格：根据杯位与人数来定。

4）要求：茶杯按定位放置整齐，用完后按姓名标识归位。

车间茶杯放置方式如图 6-81、图 6-82 所示，实际案例如图 6-83 所示。

图 6-81　落地式（带孔）

图 6-82　壁挂式（带孔）

图 6-83　车间茶杯放置实际案例

6.23　车间卫生间标示方式

1. 车间卫生间外标示方式

1）颜色：企业配色。

2）材质：PVC、亚克力。

3）规格：35cm×16cm。

车间卫生间外标示样式如图 6-84 所示。

图 6-84　车间卫生间外标示样式

2.车间卫生间内标示方式

1）颜色：企业配色。

2）材质：PP 背胶、亚克力。

3）规格：圆 ϕ10cm，长方形 10cm×12cm。

车间卫生间内标示样式如图 6-85 所示，实际案例如图 6-86、图 6-87 所示。

图 6-85　车间卫生间内标示样式

图 6-86　车间卫生间内标示实际案例 1

图 6-87　车间卫生间内标示实际案例 2

第7章
仓库实施标准

6S 整理整顿做得好，工作效率会提升，仓库合理规划、标示清楚，仓库 6S 做得好，可减少库存和资金占用率。

7.1　仓库门牌标示方式

仓库门牌标示方式：

1）颜色：企业配色。

2）材质：5mm 雪弗板。

3）规格：与仓库门同宽。

4）说明：需要时加上仓库编号。

仓库大门标示样式如图 7-1 所示，仓库门口标示案例如图 7-2 所示。

图 7-1　仓库大门标示样式

图 7-2　仓库门口标示案例

7.2 仓库区域名称标示方式

仓库区域名称标示方式如下：

1）颜色：企业配色。

2）材质：亚克力（可自选）。

3）规格：根据实际尺寸调整。

仓库区域名称标示样式如图 7-3 所示，仓库区域标示样板如图 7-4 所示，案例如图 7-5 所示。

图 7-3　仓库区域名称标示样式

图 7-4　仓库区域标示样板

图 7-5　仓库区域标示案例

7.3 货架看板设计规范

货架看板设计规范如下：

1）颜色：企业配色。

2）材质：雪弗板＋亚克力。

3）规格：60cm×95cm（可根据实际尺寸调整）。

货架看板设计样式如图 7-6 所示。

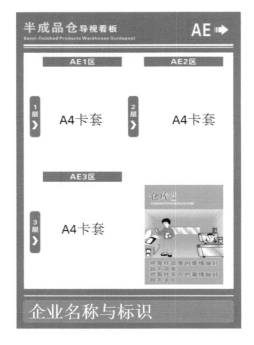

图 7-6 货架看板设计样式

7.4 货架编号标示方式

货架编号标示方式如下：

1）颜色：企业配色。

2）材质：5mm 雪弗板。

3）规格：35cm×16cm（可根据实际尺寸调整）。

货架编号设计样式如图 7-7 所示。仓库货架目视化案例如图 7-8、图 7-9 所示。

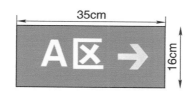

图 7-7　货架编号设计样式

图 7-8　仓库货架目视化案例 1

图 7-9　仓库货架目视化案例 2

7.5　物料现况标示方式

物料现况标示方式如下：

1）颜色：企业配色。

2）材质：照片纸＋硅胶套。

3）规格：6cm×9cm（可根据实际尺寸调整）。

物料现况标示卡样式如图 7-10 所示，仓库物料现况标示卡实际案例如图 7-11 所示。

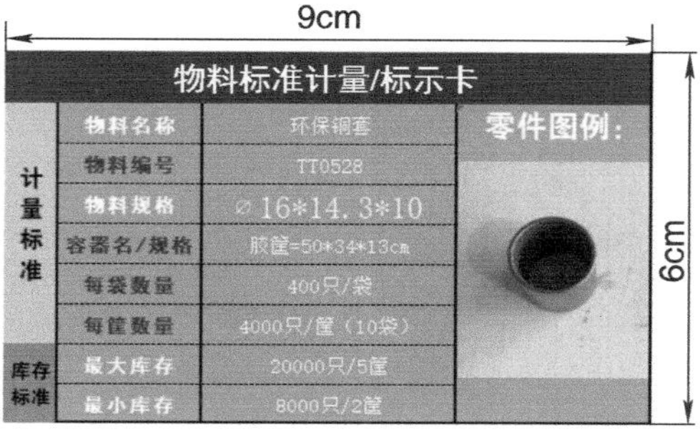

图 7-10 物料现况标示卡样式

图 7-11 仓库物料现况标示卡实际案例

7.6 库位标示方式

库位标示方式如下：

1）颜色：按货架颜色搭配。

2）材质：喷漆、不干胶、纸卡片、亚克力卡槽。

3）规格：可根据实际尺寸调整。

物料库位标示样式如图 7-12 所示，物料库位实际案例如图 7-13、图 7-14 所示。

货架横列（格数）编号：1、2、3、……

货架纵列（层数）库位编号：1、2、3、……

库区纵向（货架）编号：A、B、C、D、E、……

图 7-12　物料库位标示样式

图 7-13　物料库位实际案例 1

图 7-14　物料库位实际案例 2

7.7　物料摆放规范要求

物料摆放规范要求如下：

1）颜色：黄色线。

2）材质：油漆、胶带。

3）规格：可根据实际托盘尺寸定

4）说明：一条通道放两个托盘。

仓库托盘物料摆放规范如图 7-15 所示，地面物料摆放案例如图 7-16 所示。

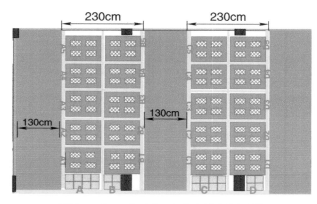

图 7-15　仓库托盘物料摆放规范

图 7-16　地面物料摆放案例

7.8 物料放置区标示方法

物料放置区标示方法如下：

1）颜色：企业色。

2）材质：不锈铁、雪弗板。

3）规格：长 100cm 杆 +A4 板。

4）说明：定位放置，如有墙面可做雪弗板贴。

物料放置区标示架样式如图 7-17 所示。

图 7-17 物料放置区标示架样式

7.9 物料堆放限高标示方法

物料堆放限高标示方法如下：

1）颜色：黄色线 + 绿色字体。

2）材质：油漆、雪弗板。

3）规格：根据仓库物料限高要求。

4）说明：物料不同，高度不相同。

物料堆放限高标示样式如图 7-18 所示。

图 7-18　物料堆放限高标示样式

7.10　仓库责任管理目视化方法

仓库责任管理目视化方法如下：

1）颜色：企业配色。

2）材质：雪弗板 + 亚克力卡槽。

3）规格：50cm×70cm（可根据场地调整尺寸）。

4）悬挂位置：和人眼视线高度一致。

仓库责任管理目视化样式如图 7-19 所示。

图 7-19　仓库责任管理目视化样式

7.11　仓库宣传标语目视化设计

仓库宣传标语目视化设计如下：

1）颜色：企业配色。

2）材质：雪弗板。

3）规格：50cm×70cm（可调整）。

4）位置：张贴在仓库立柱 1.6m 高处。

仓库宣传标语目视化设计样式如图 7-20 所示。

图 7-20　仓库宣传标语目视化设计样式

7.12　仓库管理流程目视化设计

仓库管理流程目视化设计如下：

1）材质：雪弗板。

2）规格：60cm×80cm。

3）放置形式：相框悬挂。

仓库管理流程目视化样式如图 7-21 所示。

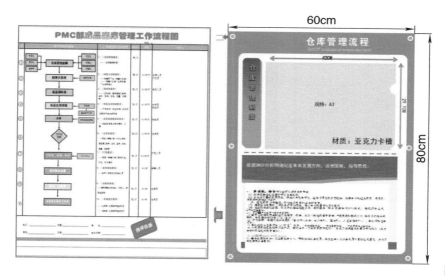

图 7-21　仓库管理流程目视化样式

7.13　仓库管理制度目视化设计

仓库管理制度目视化设计如下：

1）材质：雪弗板。

2）规格：60cm×80cm。

3）放置形式：相框悬挂。

仓库管理制度目视化样式如图 7-22 所示。

仓库管理流程与制度目视化案例如图 7-23、图 7-24 所示。

 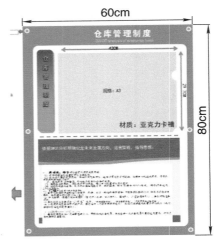

图 7-22　仓库管理制度目视化样式

164

图 7-23　仓库管理流程与制度目视化案例 1

图 7-24　仓库管理流程与制度目视化案例 2

第 8 章
办公区域标准

　　办公室对外起到窗口的作用，对内可作为标杆榜样，所以在办公室推行 6S 尤为重要。办公室 6S 做得好，推行车间 6S 时更有动力。

8.1 办公人员着装标准

办公人员着装标准如下：

1）头部：①女士：头发扎起，刘海不遮眼，脸部淡妆，短发不过肩、眼；②男士：短发清洁整齐，经常刮胡子。

2）服装：男女深色外套、白色衬衫、深色裤子。

3）鞋子：①女士：素色袜子，黑色单跟皮鞋；②男士：深色袜子，黑色皮鞋。

4）配饰：①男士纯色领带；②佩戴企业统一工牌；③皮带黑色为佳。

5）说明：全身穿搭建议不超过 3 个颜色，色调基本一致，不可相差太大。

办公人员着装标准如图 8-1 所示。

图 8-1　办公人员着装标准

168

8.2 办公区门牌标示方式

办公区门牌标示方式如下：

1）颜色：企业配色。

2）材质：3M 亚克力、5mm 雪弗板、铝合金。

3）规格：高 16cm，宽 35cm。

4）款式：横式、竖式、字贴式、立式、三角式等（可根据需求选用）。

办公区门牌设计样式如图 8-2、图 8-3 所示，实际案例如图 8-4 ～图 8-7 所示。

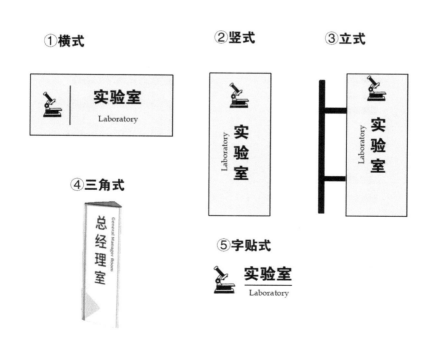

图 8-2　办公区门牌设计样式 1

170

图 8-3　办公区门牌设计样式 2

图 8-4　横式科室牌案例

图 8-5　竖式科室牌案例

图 8-6　字贴式科室牌案例

图 8-7　三角式科室牌案例

8.3 岗位牌标示方式

1. 办公桌岗位信息牌标示方式

1）颜色：企业配色。

2）材质：3M 亚克力、5mm 雪弗板、铝合金。

3）规格：高 20cm、宽 30cm。

岗位信息牌标示设计样式如图 8-8 所示。

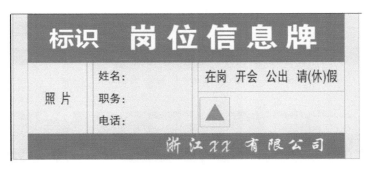

图 8-8 岗位信息牌标示设计样式

2. 办公室人员去向牌标示方式

1）颜色：企业配色。

2）材质：3M 亚克力、5mm 雪弗板、铝合金。

3）规格：高 68cm、宽 51cm。

办公室人员去向牌标示设计样式如图 8-9 所示。岗位牌标示案例如图 8-10 所示。岗位去向牌标示案例如图 8-11 所示。

标识	综合办公室人员去向牌	
	在岗 开会 公出 休假 稍等	在岗 开会 公出 休假 稍等
	在岗 开会 公出 休假 稍等	在岗 开会 公出 休假 稍等
	在岗 开会 公出 休假 稍等	在岗 开会 公出 休假 稍等
	在岗 开会 公出 休假 稍等	在岗 开会 公出 休假 稍等
	在岗 开会 公出 休假 稍等	在岗 开会 公出 休假 稍等
	在岗 开会 公出 休假 稍等	在岗 开会 公出 休假 稍等
	在岗 开会 公出 休假 稍等	在岗 开会 公出 休假 稍等
汽车电器有限公司		

图 8-9　办公室人员去向牌标示设计样式

图 8-10　岗位牌标示案例

图 8-11　岗位去向牌标示案例

8.4　办公桌面物品定位方式

办公桌面物品定位方式采用定位贴，具体要求如下：

1）颜色：企业配色。

2）材质：不干胶磨砂贴。

3）规格：L 形，3cm×3cm×1cm；圆形，直径 55mm。

4）适用：水杯、键盘、鼠标垫、电话机、文件架、计算器等。

定位贴样式如图 8-12 所示，实际案例如图 8-13 所示。

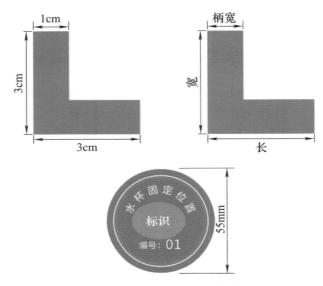

图 8-12　办公桌面物品定位贴样式

图 8-13　办公桌面物品定位案例

8.5 文件状态标示方式

文件状态标示方式如下:

1) 颜色: 企业配色。

2) 要求: 高清彩色打印。

3) 规格: 与文件夹同宽。

文件状态标示样式如图 8-14 所示,实际案例图 8-15 所示。

```
          定位线

┌──────┬──────┬──────┬──────┬──────┐
│ ×××  │ ×××  │ ×××  │ ×××  │ ×××  │─── 标识
├──────┼──────┼──────┼──────┼──────┤
│  0   │  0   │  0   │  0   │  0   │
│  3   │  2   │  3   │  2   │  3   │
│  0   │  0   │  0   │  0   │  0   │
│  8   │  3   │  8   │  0   │  8   │─── 文件名
│  4   │  0   │  4   │  3   │  4   │
│  点  │  点  │  点  │  点  │  点  │
│  检  │  检  │  检  │  检  │  检  │
│  表  │  表  │  表  │  表  │  表  │
├──────┼──────┼──────┼──────┼──────┤
│  03  │  04  │  05  │  06  │  07  │─── 部门编号
└──────┴──────┴──────┴──────┴──────┘
```

图 8-14   文件状态标示样式

图 8-15   文件状态标示实际案例

8.6　抽屉柜分类标示方式和抽屉隔板分类

1.　抽屉柜分类标示方式

1）颜色：企业配色。

2）材质：带胶贴纸。

3）规格：高 30mm，宽 85mm。

4）位置：抽屉左上方。

抽屉柜分类标示样式如图 8-16 所示，实际案例如图 8-17 所示。

图 8-16　抽屉柜分类标示样式

图 8-17　抽屉柜物品分类案例

2．抽屉隔板分类

1）颜色：与抽屉颜色相同。

2）材质：塑料、木板、亚克力。

3）规格：根据抽屉实际尺寸。

抽屉柜隔板分类案例如图 8-18 所示。

图 8-18　抽屉柜隔板分类案例

8.7 文件柜标示方式

文件柜标示方式如下：

1）颜色：企业配色。

2）材质：雪弗板、PP 胶写真贴。

3）规格：根据文件柜大小定。

文件柜物品标示设计如图 8-19 所示。文件柜标示案例如图 8-20、图 8-21 所示。

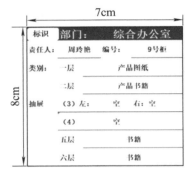

图 8-19 文件柜物品标示设计

图 8-20 文件柜标示案例 1

图 8-21 文件柜标示案例 2

8.8 电梯标示方式

电梯标示方式如下：

1）颜色：企业配色。

2）材质：雪弗板、PP 胶写真贴。

3）规格：与电梯同宽。

电梯标示设计如图 8-22 所示。电梯标示案例如图 8-23 所示。

图 8-22 电梯标示设计

图 8-23 电梯标示案例

8.9 空调标示方式

1. 中央空调标示方式

1）颜色：企业配色。

2）材质：PVC、PP 胶写真贴。

3）规格：如图 8-24 所示。

中央空调标示设计如图 8-24 所示。

编号

说明书

图 8-24　中央空调标示设计

2．台式空调标示方式

1）颜色：企业配色。

2）材质：PVC、PP 胶写真贴。

3）规格：80mm×60mm。

台式空调标示样式如图 8-25 所示，实际案例如图 8-26

所示。

图 8-25　台式空调标示样式

图 8-26 台式空调标示实际案例

8.10 办公设施标示方式

办公设施标示方式如下：

1）颜色：企业配色。

2）材质：PVC、亚克力。

3）规格：如图 8-27 所示。

打印机标示设计如图 8-27 所示，实际案例如图 8-28 所示。

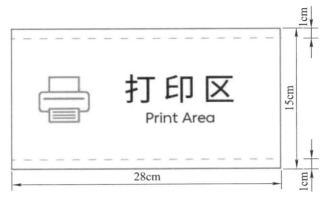

1cm

15cm

28cm

1cm

图 8-27 打印机标示设计

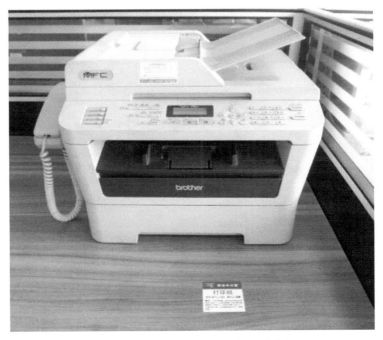

图 8-28 打印机标示实际案例

8.11　灯开关标示方式

灯开关标示方式如下：

1）颜色：企业配色。

2）材质：PVC、PP 胶写真贴。

3）规格：根据开关大小而定。

灯开关标示样式如图 8-29 所示。

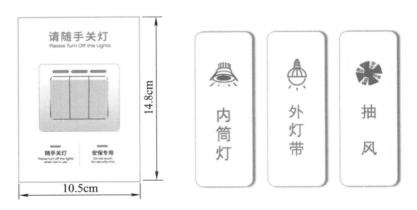

图 8-29　灯开关标示样式

8.12　卫生间标示方式

卫生间标示方式如下：

1）颜色：企业配色。

2）材质：PVC、亚克力。

3）规格：35cm×16cm。

卫生间标示样式如图 8-30 所示，具体案例如图 8-31 ～
图 8-33 所示。

图 8-30　卫生间标示样式

图 8-31　洗手池标示案例

187

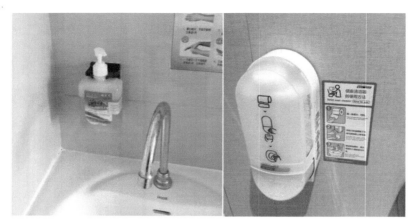

图 8-32　洗手液放置与标示案例

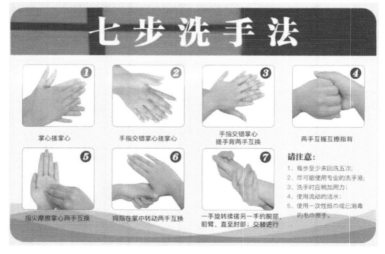

图 8-33　七步洗手法标示牌

8.13　电话机标示方式

电话机标示方式样板如图 8-34 所示。

图 8-34　电话机标示方式样板

8.14　雨伞收纳方式

雨伞收纳样板如图 8-35 所示。

图 8-35　雨伞收纳样板

8.15　清洁工具放置方式

清洁工具放置样板如图 8-36 所示。

图 8-36　清洁工具放置样板

8.16　办公区绿植定位方式

办公区绿植定位方式及案例如图 8-37 ～图 8-39 所示。

图 8-37　办公区绿植定位方式及案例

图 8-38　办公区绿植定位案例 1

图 8-39　办公区绿植定位案例 2

8.17　楼梯台阶标示方式

楼梯台阶标示样板如图 8-40 所示。

图 8-40　楼梯台阶标示样板

8.18　垃圾桶定位方式

垃圾桶定位方式及样板如图 8-41 所示。

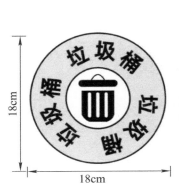

图 8-41 垃圾桶定位方式及样板

第9章
安全实施标准

降低安全事故发生的可能性，这是很多企业特别是制造加工类企业一直寻求的重要目标之一。

9.1 安全色使用标准

安全色使用标准见表 9-1。

表 9-1 安全色使用标准

序号	颜色	例图	颜色说明
1	红色		禁止、停止
2	黄色		警告、注意
3	蓝色		指令、遵守
4	绿色		安全、信息
5	红白相间		禁止、提示
6	黄黑相间		危险、警告
7	蓝白相间		指令，遵守
8	绿白相间		安全、标记
9	白色		背景、图形、符号、标示线、安全线
10	黑色		禁止、警告、文字、图形

9.2 厂区道路安全指示设置方式

厂区道路安全指示设置方式如下：

1）颜色：减速带为黑黄色相间，反光镜为红色。

2）规格：反光镜杆高 150cm、外径 80cm。

3）区域：门口、路口、拐弯处等必要的地方。

　　厂区道路减速带、反光镜设置样板如图 9-1 所示，反光镜尺寸标准如图 9-2 所示。

图 9-1　厂区道路减速带、反光镜设置样板

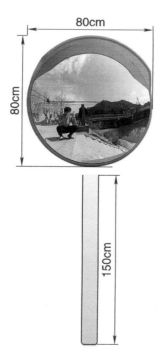

197

图 9-2　反光镜尺寸标准

9.3 消防设施目视化

1. 消防设施目视化要求

1）颜色：红白色。

2）规格：与消防实施同宽。

3）材质：雪弗板、写真贴。

4）区域：消防栓、灭火器玻璃门外。

消防栓、灭火器规程目视化设计如图 9-3 所示，实际案例如图 9-4 ～图 9-7 所示。

图 9-3　消防栓、灭火器规程目视化设计

图 9-4　消防设施目视化实际案例 1

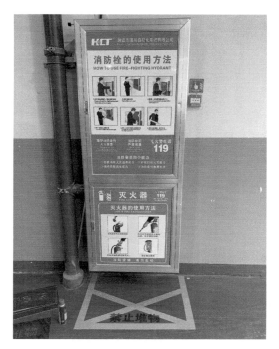

图 9-5　消防设施目视化实际案例 2

图 9-6 消防设施目视化
实际案例 3

图 9-7 消防设施目视化
实际案例 4

2. 消防设施禁止线要求

1）颜色：红白色相间。

2）材质：环保油漆或地贴胶带纸。

3）规格：与消防设施同宽，长 100cm。

4）备注：中间间距可变动。

消防设施禁止线规范如图 9-8 所示，实际案例如图 9-9 所示。

图 9-8 消防设施禁止线规范

200

图 9-9 消防设施禁止线规范实际案例

3. 消防报警装置与标示

1）要求：参考 GB 13495.1—2015《消防安全标志　第 1 部分：标志》、GB 50116—2013《火灾自动报警系统设计规范》。

2）说明：报警电铃的底边距地面高度应大于 2.2m。手动报警装置（按钮开关）距地面 1.5m，并有明显的指示标志。

消防报警装置与标示如图 9-10 所示。

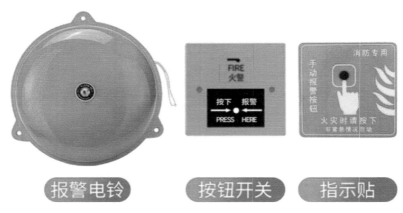

图 9-10　消防报警装置与标示

4. 消防设施定位线

1）颜色：红白相间色。

2）材质：环保油漆或地贴胶带纸。

3）规格：36cm×28cm。

4）备注：红白相间色间距可变动。

消防设施定位线规范如图 9-11 所示，实际案例如图 9-12 所示。

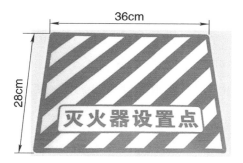

图 9-11 消防设施定位线规范

图 9-12 消防设施定位线实际案例

203

9.4 电控箱安全标示方式

1. 电控箱安全标示要求

1）颜色：红白相间色。

2）材质：环保油漆或地贴胶带纸。

3）规格：与消防设施同宽，长 100cm。

4）备注：红白相间色间距可变动。

电控箱禁止线规范如图 9-13 所示，实际案例如图 9-14 所示。

图 9-13　电控箱禁止线规范

图 9-14　电控箱禁止线规范实际案例

2. 电控箱警示标示要求

1）颜色：红色、白色、黑色、黄色。

2）材质：雪弗板、贴纸。

3）规格：自定义。

电控箱警示标示样式如图 9-15 所示，实际案例如图 9-16、图 9-17 所示。

图 9-15　电控箱警示标示样式

图 9-16　电控箱警示标示实际案例 1

205

图 9-17　电控箱警示标示实际案例 2

9.5　防护围栏设置方式

防护围栏设置方式如下：

1）颜色：黄色、黑黄相间色、红白相间色。

2）规格：护栏高度不低于 105cm。

3）材质：钢材。

4）使用场景说明：

①黄色：生产线天台、人行跨桥、楼梯等必要区域。

②黑黄相间色：防撞、施工、设备、内部出入口等区域。

③红白相间色：高压电区域。

④蓝、白、灰相间色：隔离护栏，起隔离作用。

防护围栏分类如图 9-18 所示，防护围栏设置实际案例如图 9-19 ～图 9-22 所示。

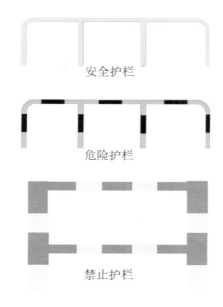

图 9-18 防护围栏分类

图 9-19 防护围栏设置实际案例 1

图 9-20 防护围栏设置
实际案例 2

图 9-21 防护围栏设置
实际案例 3

图 9-22 防护围栏设置实际案例 4

9.6 安全隔离网设置方式

安全隔离网设置方式如下：

1）颜色：黄色或黄黑相间色。

2）规格：隔离网高 120cm 以上。

3）材质：钢材。

4）使用区域：操作者身体易碰到的机器设备，升降货梯等。

安全隔离网样式如图 9-23 所示，实际案例如图 9-24、图 9-25 所示。

图 9-23 安全隔离网样式

209

图 9-24 重要设备隔离实际案例

图 9-25　移动旋转设备隔离实际案例

9.7　防撞安全设置方式

防撞安全设置方式：

1）颜色：黄色与黄黑相间色。

2）规格：黄色 5cm、黑色 5cm 相间，黄色 5cm、黑色 10cm 相间（可根据设施调整尺寸）。

3）材质：PU、发泡橡胶、钢材。

4）区域：

①防撞条应在易碰头墙、设备底盘、柱子、楼梯边角等位置。

②防撞角应在物流通过的门、围栏角等易碰撞区域。

防撞安全标示实际案例如图 9-26 ～图 9-28 所示。

图 9-26　墙角墩柱防撞标示实际案例

图 9-27　设备安全防护标示实际案例

图 9-28　柱子防撞标示实际案例

9.8　车间通道限高标示方式

车间通道限高标示方式如下：

1）颜色：企业配色。

2）材质：3M 亚克力、5mm 雪弗板、铝合金。

3）规格：与设施同宽。

4）区域：电梯、进出门、物流通道门等。

货梯限高标示设计如图 9-29 所示，实际案例如图 9-30、图 9-31 所示。

图 9-29　货梯限高标示设计

图 9-30　货梯门限高标示案例

图 9-31　车间门限高标示案例

9.9 电梯安全标示方式

电梯安全标示方式如下：

1）样式：黑字、红框、白底。

2）规格：50cm×70cm（可自定义）。

3）材质：雪弗板，写真贴。

4）区域：货梯口和货梯内。

货梯安全标示设计如图 9-32 所示。电梯安全标示样板如图 9-33、图 9-34 所示。

图 9-32　货梯安全标示设计

图 9-33　电梯安全标示样板 1

215

图 9-34　电梯安全标示样板 2

9.10　消防通道导向标示方式

消防通道导向标示方式如下：

1）规格：参考 GB 2894—2008《安全标志及其使用导则》。

2）区域：楼梯、通道、紧急出口等。

消防通道导向标示样式如图 9-35 所示，实际案例如图 9-36、图 9-37 所示。

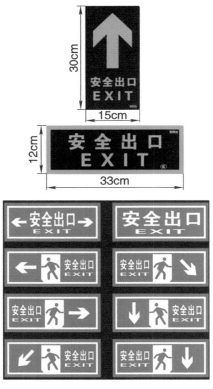

图 9-35　消防通道导向标示样式

图 9-36　通道出口安全标示实际案例 1

图 9-37　通道出口安全标示实际案例 2

9.11　紧急灯设置方式

紧急灯设置方式如下：

1）规格：参考 GB 2894—2008《安全标志及其使用导则》。

2）区域：安装在走道、楼梯口等场所时，应距地面 0.8 ～

1.5m，且不应安装在疏散出口的上方。

消防应急灯样式如图 9-38 所示。

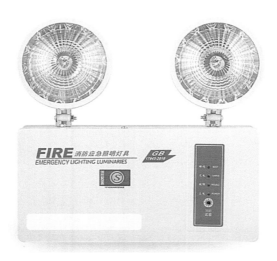

图 9-38　消防应急灯样式

9.12　消防疏散图目视化

消防疏散图目视化要求：

1）颜色：参考安全四色（红色、蓝色、黄色、绿色）与企业色。

2）规格：自定义。

3）材质：PVC、亚克力。

4）说明：消防疏散图张贴的数量根据安全出口的数量来定。

消防疏散图样式如图 9-39 所示，目视化实际案例如

图 9-40、图 9-41 所示。

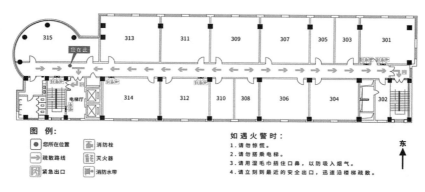

图 9-39　消防疏散图样式

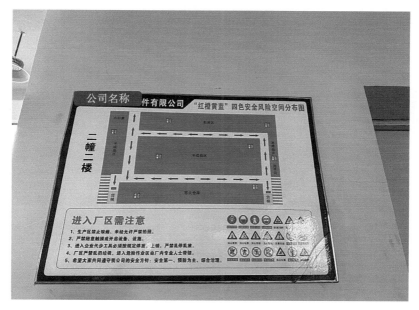

图 9-40　消防疏散图目视化实际案例 1

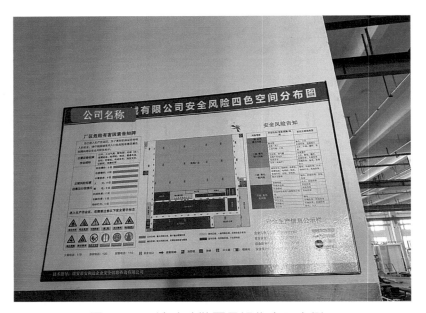

图 9-41　消防疏散图目视化实际案例 2

9.13　行车安全标示方式

1. 行车安全告知目视化

1）规格：自定义。

2）材质：PVC，铝板。

3）说明：标示应安装在观察者水平视线稍高一点的位置，对所有的观察者要清晰易读。

行车安全告知目视化如图 9-42 所示，实际案例如图 9-43 所示。

行车安全风险点告知牌

风险点名称 行车	危险因素	事故诱因

危险因素

1. 机械伤害
2. 触电
3. 挤压、碰撞
4. 坠物伤人
5. 高处坠落
6. 其他伤害

风险等级
高度☐中度☑一般☐

管理责任人:

事故诱因

1. 安全附件限位器、限速器、操纵、急停按钮、连锁装置等失灵、失控引发事故;
2. 电器元件失修、老化、线路破损、绝缘、接地不良引发事故;
3. 无证操作、违章操作、指挥不当、协调不好、误操作引发事故;
4. 吊钩损坏、磨损、钢丝绳损伤等引发事故;
5. 工件绑扎不牢等引发事故。

当心吊物　禁止攀登　当心断裂　必须戴安全帽

安全防范措施、要求

1. 人员操作吊车必须经专门培训,并持证上岗。
2. 严格程序控制、定期检验、维修保养设备。
3. 操作过程必须遵守"十不吊"及相关操作规程。
4. 每日工作前检查吊索具、电器等是否正常良好,并负重运行升降确定各部位无异常后方可使用。
5. 吊车工作完毕后放在指定位置,班后关闭电源。
6. 设备异常时要报告车间领导。
7. 发生安全事故立即报告车间领导。
8. 必须按照安全及设备点检表进行点检。

重要提示 严禁无证操作!必须进行设备检点!

生产部电话:
火警电话: 119　急救电话: 120

图 9-42　行车安全告知目视化

图 9-43　行车安全标示实际案例

2. 行车限重标示方式

1）规格：自定义。

2）材质：PVC，铝板。

3）颜色：企业色。

行车限重标示样式如图 9-44 所示。

图 9-44　行车限重标示样式

9.14　设备安全设置方式

1. 运转设备安全防护设置

1）说明：参考 GB/T 23821—2022《机械安全　防止上下肢触及危险区的安全距离》。

2）规则：

①有轴必有套，有轮必有罩。

②有台必有栏，有洞必有盖。

3）区域：所有生产机器与仪器。

运转设备安全防护设置案例如图 9-45 所示。

网孔大小一般为 40mm，安全距离≥195mm

图 9-45　运转设备安全防护设置案例

2. 设备维修警示牌

1）规格：29.7cm×21cm（可自定义）。

2）材质：PVC，铝板。

3）区域：异常设备与设施。

设备维修警示牌样式如图 9-46 所示。

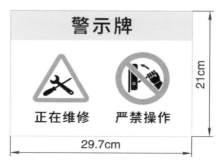

图 9-46　设备维修警示牌样式

223

3.设备状态标示牌

1）规格：9cm×6cm（可自定义）。

2）材质：PVC，铝板。

3）区域：设备，仪器。

设备状态标示牌样式如图 9-47 所示。

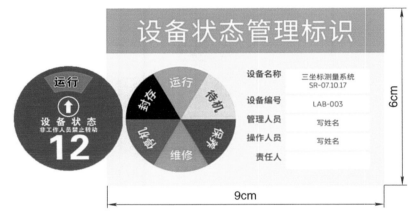

图 9-47 设备状态标示牌样式

9.15 医药箱设置标示方式

医药箱设置标示方式如下：

1）说明：参考 GB 2894—2008《安全标志及其使用导则》。

2）材质：自黏性乙烯。

3）规格：自定义。

4）区域：生产车间、办公室、公共区域。

医药箱标示样式如图 9-48 所示。

图 9-48　医药箱标示样式

9.16　消防服、隔热服标准

消防服、隔热服标准如下：

1）说明：参考 GB 13495.1—2015《消防安全标志　第 1 部分：标志》。

2）要求：消防纯棉阻燃、隔热、耐高温。

3）作用：预防应急消防用。

消防服、隔热服样式如图 9-49、图 9-50 所示。

225

图 9-49　消防服　　　　图 9-50　隔热服

9.17 化学物品保管标示方式

1. 化学物品存放标示牌

1）颜色：黑色、黄色。

2）规格：100cm×50cm（可自定义）。

3）材质：PVC，PP 背胶贴。

4）区域：化学品贮存场所。

化学物品存放标示牌样式如图 9-51 所示。

图 9-51　化学物品存放标示牌样式

2. 化学物品危险性告示牌

1）说明：参考 GB 13690—2009《化学品分类和危险性公示 通则》。

2）规格：70cm×50cm（可自定义）。

3）放置方式：相框悬挂。

4）区域：车间化学品贮存场所。

化学物品危险性告示牌样式如图 9-52 所示。

图 9-52　化学物品危险性告示牌样式

3．化学危险物品分装标示牌

1）说明：参考 GB 13690—2009《化学品分类和危险性公示 通则》。

2）规格：可自定义。

3）材质：PP 背胶贴。

4）区域：车间化学品贮存场所。

化学危险物品分装标示牌样式如图 9-53 所示。

易燃液体

皮肤刺激物象形图

图 9-53　化学危险物品分装标示牌样式

227

9.18 废弃化学品标示方式

废弃化学品标示方式如下：

1）说明：参考 GB 15562.1—1995《环境保护图形标志——排放口（源）》。

2）规格：可自定义。

3）材质：PP 背胶贴。

4）区域：放置废弃化学品场所。

废弃化学品标示牌样式如图 9-54 所示。

危险废物　　　　　　　一般固体废物

图 9-54　废弃化学品标示牌样式

9.19 危险废弃物包装标示方式

危险废弃物包装标示方式如下：

1）说明：参考 GB 18597—2023《危险废物贮存污染控制标准》。

2）规格：可自定义。

3）材质：PP 背胶贴。

4）区域：危险废弃物包装处。

危险废弃物包装标示牌样式如图 9-55 所示。

图 9-55　危险废弃物包装标示牌样式

9.20　警告标示方式

警告标示方式如下：

1）说明：参考 GB 2894—2008《安全标志及其使用导则》。

2）规格：自定义。

3）材质：耐磨地贴。

4）颜色：黑色、黄色。

警告标示牌样式如图 9-56 所示。

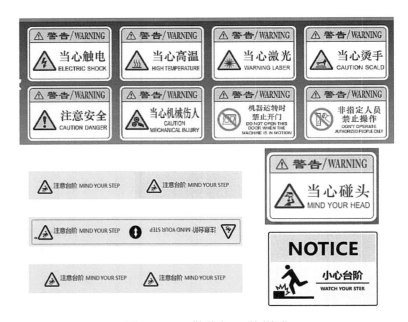

图 9-56　警告标示牌样式

9.21　禁止标示方式

禁止标示方式如下：

1）说明：参考 GB 2894—2008《安全标志及其使用导则》。

2）规格：自定义。

3）材质：PP 背胶贴。

4）颜色：红色、黑色和白色。

禁止标示牌样式如图 9-57 所示。

图 9-57 禁止标示牌样式

9.22 命令标示方式

命令标示方式如下：

1）说明：参考 GB 2894—2008《安全标志及其使用导则》。

2）颜色：白色、蓝色。

3）材质：PP 背胶贴。

4）规格：自定义。

命令标示牌样式如图 9-58 所示。

图 9-58　命令标示牌样式

9.23　安全相关国标查询目录

安全相关国标查询目录见表 9-2。

表 9-2 安全相关国标查询目录

序号	国标名称
1	GB 2894—2008 安全标志及其使用导则
2	GB 13690—2009 化学品分类和危险性公示 通则
3	GB 15562.2—1995 环境保护图形标志——固体废物贮存（处置）场
4	GB 18597—2023 危险废物贮存污染控制标准
5	GB 13495.1—2015 消防安全标志 第 1 部分：标志
6	GB 5768.2—2022 道路交通标志和标线 第 2 部分：道路交通标志
7	GB 15562.1—1995 环境保护图形标志——排放口（源）
8	GB/T 19095—2019 生活垃圾分类标志
9	GB 5768.3—2009 道路交通标志和标线 第 3 部分：道路交通标线
10	GB 7231—2003 工业管道的基本识别色、识别符号和安全标识
11	GB/T 23821—2022 机械安全 防止上下肢触及危险区的安全距离

第 10 章
看板管理设计样式

　　6S 看板管理在 6S 管理中起到信息传递、监控和追踪、可视化管理、激励和奖励，以及持续改进的作用。它是一个重要的工具，可以帮助企业实施和维护 6S 管理的效果。

10.1　6S 管理看板的设计样式

6S 管理看板的设计样式如图 10-1、图 10-2 所示。

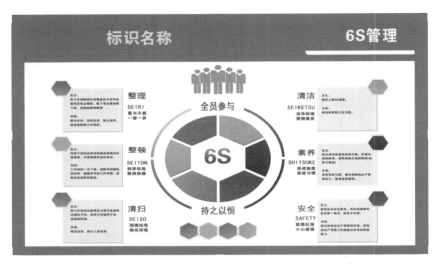

图 10-1　6S 管理看板设计样式 1

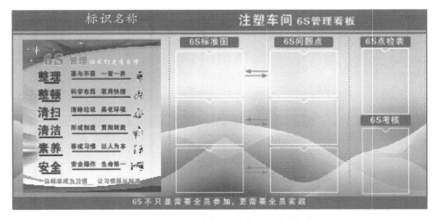

图 10-2　6S 管理看板设计样式 2

10.2　生产管理看板的设计样式

生产管理看板的设计样式如图 10-3、图 10-4 所示。

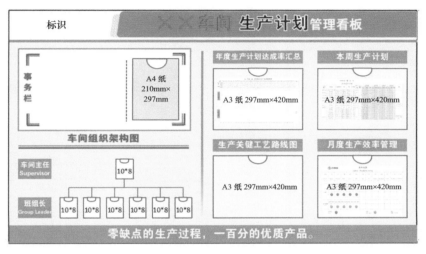

图 10-3　生产管理看板设计样式 1

序号	姓名	照片	岗位名称	入职日期	储干级培养技能				生产作业 / 工序技能					专业评估
					图样	工艺文件	换工装(调机)	6S	量具检验	装单向器前盖 手工 1	装转子定子 手工 2	装开关 手工 3	测试 1台	
			装配组长											
			装配工											
			装配工											
			装配工											
			装配工											

说明：★★★ 精通（会自调模）；★★ 熟练（独立操作，产品自检）；☆ 一般（调好机自操作，需巡检）

图 10-4　生产管理看板设计样式 2

237

10.3 品质管理看板的设计样式

品质管理看板的设计样式如图 10-5、图 10-6 所示。

图 10-5 品质管理看板设计样式 1

图 10-6 品质管理看板设计样式 2

10.4 精益生产管理看板的设计样式

精益生产管理看板的设计样式如图10-7～图10-10所示。

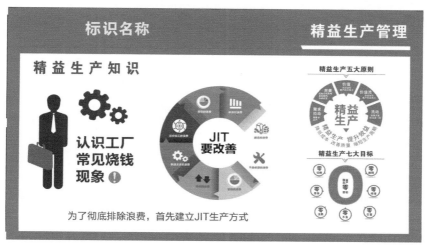

图 10-7 精益生产管理看板设计样式 1

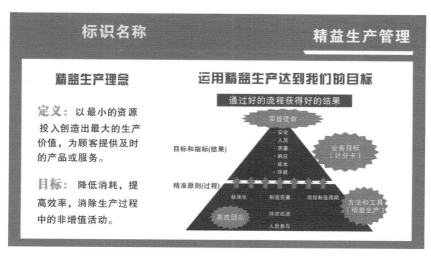

图 10-8 精益生产管理看板设计样式 2

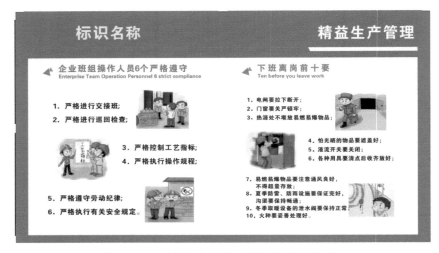

图 10-9　精益生产管理看板设计样式 3

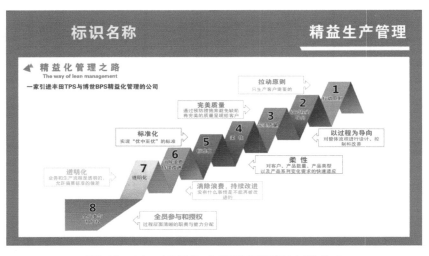

图 10-10　精益生产管理看板设计样式 4

10.5 仓库管理看板的设计样式

仓库管理看板的设计样式如图 10-11 ～图 10-15 所示。

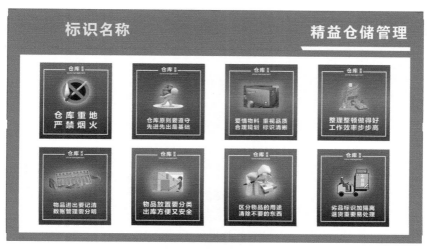

图 10-11 仓库管理看板设计样式 1

图 10-12 仓库管理看板设计样式 2

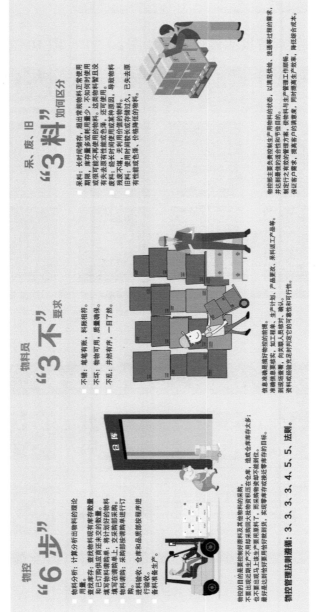

物控 "6步"

物料分析：计算分析出物料的理论用量。
查找库存：查找使用物料现有库存数量和已订购供应商还未交付的数量。
填写生产请购单：将计划好的物料填写在请购单上，交采购部采购。
物料请购单：采购部按请购单进行订购。
进料验收：仓库和品质部按保存进行验收。
备料准备生产。

物控管理法则速循：3、3、3、4、5、5、法则。

物料的目的是要控制好原料及其他物料的采购，不要出现近期生产所用剩购回大批物资积压在仓库，造成仓库库存太多，也不要出现马上生产要用的物料用不了，而采购物资却不能到位，最好是及时给好适用的物料采购到货，实现库存或接近零库存为目的的目标。

物料员 "3不" 要求

不错：笔笔有账，料账相符。
不坏：物动可用，质量确保。
不乱：井然有序，一目了然。

信息准确且是良好控制的物流。
准确信息意味着：如工程单、加工费用、到现场查看，向关人员核对、确认。
资料或经确足时则定它的可靠性和可行性。

呆、废、旧 "3料" 如何区分

呆料：长时间储存，超出常规物料正常使用期限，库存量多或耗用量少，不知何时能使用或很可能不能使用的物料。这类物有性能有效或完好无损的库存，还可使用。
废料：经长时间使用或某种原因，导致物料有效性能降低或功能失效的物料。
旧料：使用时间较长或经久，已失去原有性能或成色等价格偏低的物料。残废不凑，无利用价值的物料。

物料部主要负责物制生产用物料的状态，并达到要供应、流通等过程的状态，以满足供给、流通等过程的要求。确定行之有效的管理方案，使物料与生产工作匹配。保证客户需求，提高客户的满意度，同时提高生产效率，降低综合成本。

图 10-13 仓库管理看板设计样式 3

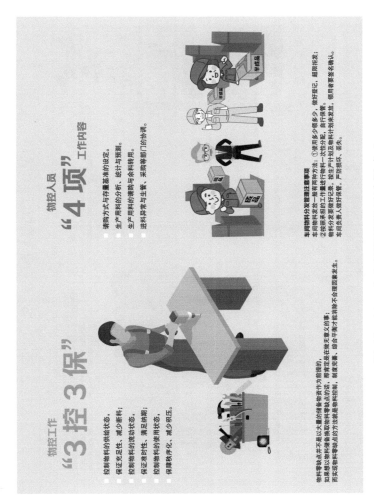

物控人员"4 项"工作内容

■ 请购方式与存量基准的设定。
■ 生产用料的分析、统计与预测。
■ 生产用料的请购与余料特用。
■ 进料异常与主管、采购等部门的协调。

车间物料分发管理注意事项
车间物料发放一般有两种方法：①使用多少领多少，做好登记，超限拒发；②按班承担包的工作量进行物料一次性分配，自行保管。物料分发应集中发放，按生产计划及物料计划来发放，领用者要签名确认。车间负责人做好保管，严防损坏、丢失。

物控工作"3 控 3 保"

■ 控制物料的供输状态，保证无足性，减少断料；
■ 控制物料的流动状态，保证准时性，满足纳期；
■ 控制物料的使用状态，保障秩序化，减少积压。

物料零库点并不是以大量的储备物资做作为前提的，如果想以物料储备换取物料零缺点的话，那便误是在做无意义的事；而实现物料零缺点的方法是建立物料控制制度完善，综合平衡才能消除不合理因素发生。

图 10-14 仓库管理看板设计样式 4

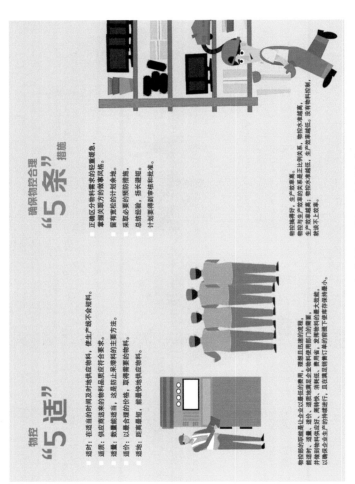

图 10-15 仓库管理看板设计样式 5

10.6 安全管理看板的设计样式

安全管理看板的设计样式如图 10-16、图 10-17 所示。

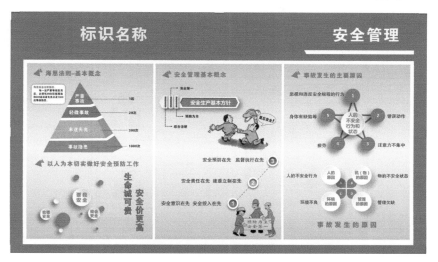

图 10-16 安全管理看板设计样式 1

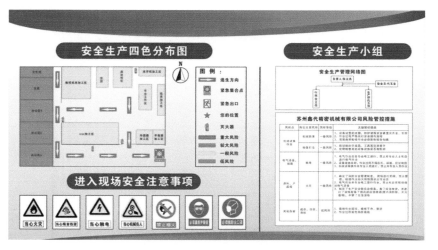

图 10-17 安全管理看板设计样式 2

10.7 6S 责任看板的设计样式

　　6S 岗位责任卡和形迹管理标准卡的设计样式如图 10-18、图 10-19 所示。

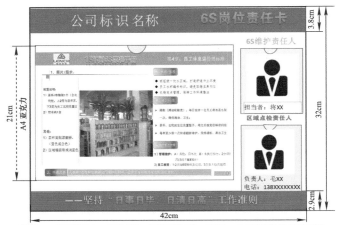

责任牌——材质使用 7mm 厚雪弗板 + 户外磨砂写真 + 亚克力，外框建议使用国标铝型材

图 10-18　6S 岗位责任卡设计样式

图 10-19　形迹管理标准卡设计样式

10.8 工位作业资料看板的设计样式

工位作业资料看板的设计样式如图 10-20 所示。

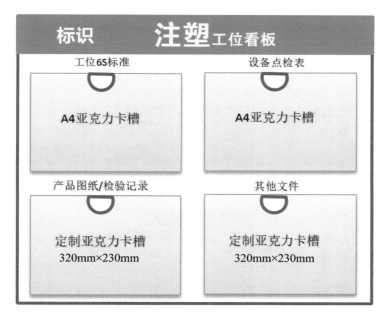

图 10-20 工位作业资料看板设计样式

10.9 现场看板案例

现场看板案例如图 10-21 ～图 10-26 所示。

图 10-21　现场看板案例 1

图 10-22　现场看板案例 2

图 10-23　现场看板案例 3

图 10-24　现场看板案例 4

可视化 6S 标准实施速查手册

图 10-25　现场看板案例 5

图 10-26　现场看板案例 6

第 11 章
视觉形象设计

企业形象和人的外表一样重要，良好的企业形象更能被消费者认可。企业视觉形象设计指的是从文化、形象、传播的角度找出企业的潜在力、存在价值及美的价值，使其在信息社会环境中转换为有效的标识。

11.1　企业颜色

企业颜色除标准色以外，还指定一种或几种颜色来搭配标准色使用，使企业的色彩形象更加丰富和具有独特性。具体可参考表 11-1。

表 11-1　企业常用颜色

颜色名称	颜色	潘通国际色卡	CMYK 印刷色值	RGB 显示色值
白		Panton E11-0601	C0 M0 Y0 K0	R255 G255 B255
浅灰		Panton CoolGray 2C	C0 M0 Y0 K20	R220 G220 B220
中灰		Panton CoolGray 8C	C0 M0 Y0 K60	R2130 G130 B130
深灰		Panton 425	C48 M29 Y26 K76	R84 G88 B90
黄		Panton Yellow C	C10 M0 Y83 K0	R255 G255 B0
红		Panton Warm Red	C0 M86 Y80 K0	R255 G35 B30
标准色		Panton E7466	C86 M0 Y32 K0	R0 G190 B190
深蓝		Panton 633C	C100 M6 Y10 K28	R0 G75 B100
浅蓝		Panton 2197C	C50 M0 Y12 K0	R184 G232 B235
藏青		Panton 7463	C100 M62 Y12 K63	R0 G38 B60
黑		Panton E433	C90 M69 Y40 K89	R0 G15 B23
绿		Panton 354U	C77 M11 Y81 K0	R0 G168 B93

11.2　厂区导视牌标示设计

厂区导视牌标示设计可参考 5.5 节内容。

11.3　楼栋综合引导标示设计

楼栋综合引导标示设计要求如下：

1）颜色：企业配色。

2）材质：不锈钢烤漆，亚克力。

3）规格：高 120cm，宽 50cm。

4）说明：必要时可加厂区平面图。

楼栋综合引导标示设计样式如图 11-1 所示，实际案例如图 11-2 所示。

图 11-1　楼栋综合引导标示设计样式

253

图 11-2　楼栋综合引导标示案例

11.4　楼层标示牌设计

楼层标示牌设计要求如下：

1）颜色：企业配色。

2）材质：亚克力。

3）规格：单楼层索引高 52cm、宽 50cm，楼层指示高 20cm、宽 30cm，板厚 5mm。

4）说明：尺寸可根据实地情况做调整。

楼层标示牌设计样式如图 11-3 所示，实际案例如图 11-4 所示。

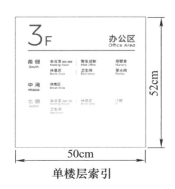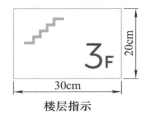

图 11-3　楼层标示牌设计样式

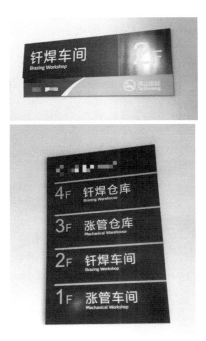

图 11-4　楼层标示牌实际案例

11.5 车间区域名称标示牌设计

车间区域名称标示牌设计要求如下：

1）颜色：企业配色。

2）材质：3M 亚克力、5mm 雪弗板。

3）规格：高 35cm，宽 84cm。

4）说明：尺寸可根据实地情况做调整。

车间区域名称标示牌设计样式如图 11-5 所示，现场案例如图 11-6 ～图 11-8 所示。

图 11-5 车间区域名称标示牌设计样式

图 11-6　车间区域名称标示牌案例 1

图 11-7　车间区域名称标示牌案例 2

257

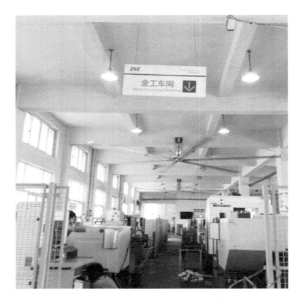

图 11-8　车间区域名称标示牌案例 3

11.6　办公区科室牌标示设计

办公区科室牌标示设计要求参见 8.2 节。

11.7　电梯、楼梯标示设计

电梯标示设计要求参见 8.8 节。

楼梯标示设计要求如下：

1）颜色：企业配色。

2）材质：3M 亚克力、5mm 雪弗板、铝合金。

3）规格：与楼梯同宽。

4）说明：需要时加上楼梯编号。

楼梯标示设计样式如图 11-9 所示，实际示例如图 11-10 所示。

图 11-9　楼梯标示设计样式

图 11-10　楼梯标示案例

11.8 车间宣传标语设计

车间宣传标语设计要求如下：

1）颜色：企业配色。

2）材质：5mm 雪弗板、软膜、喷绘布。

3）规格：与墙柱子同宽。

车间宣传标语设计样式如图 11-11 所示，实际案例如图 11-12 ～图 11-14 所示。

图 11-11　车间宣传标语设计样式

图 11-12　车间宣传标语实际案例 1

图 11-13　车间宣传标语实际案例 2

图 11-14　车间宣传标语实际案例 3

11.9 宣传挂图标语设计

宣传挂图标语设计要求如下：

1）颜色：参考企业配色。

2）材质：5mm 雪弗板。

3）规格：与墙柱子同宽。

4）位置：车间宣传挂图离地 2.7m，办公室宣传挂图离地 2.2m。

宣传挂图标语设计样式如图 11-15 所示，实际案例如图 11-16、图 11-17 所示。

图 11-15　宣传挂图标语设计样式

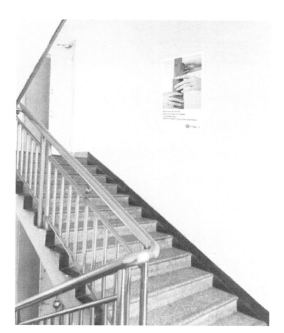

图 11-16　楼梯标语实际案例

图 11-17　车间柱子标语实际案例

11.10 楼梯台阶宣传标语设计

楼梯台阶宣传标语设计要求如下：

1）颜色：参考企业配色。

2）材质：数码写真喷绘贴，雪弗板。

3）规格：与楼梯同宽。

4）位置：楼梯台阶。

楼梯台阶宣传标语设计样式如图 11-18 所示，实际案例如图 11-19、图 11-20 所示。

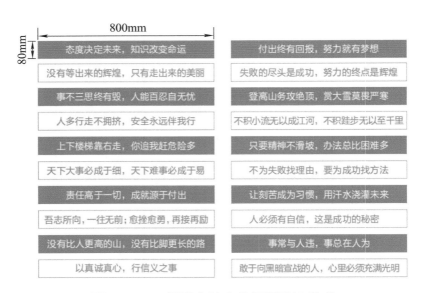

图 11-18　楼梯台阶宣传标语设计样式

图 11-19　楼梯台阶宣传标语实际案例 1

图 11-20　楼梯台阶宣传标语实际案例 2

265

11.11 玻璃防撞贴设计

玻璃防撞贴设计要求如下：

1）颜色：参考企业配色。

2）材质：不干胶剪字贴。

3）规格：与玻璃同宽。

4）位置：玻璃中间。

玻璃防撞贴设计样式如图 11-21 所示，实际案例如图 11-22 ～图 11-24 所示。

图 11-21　玻璃防撞贴设计样式

图 11-22　玻璃防撞贴实际案例 1

图 11-23　玻璃防撞贴实际案例 2

图 11-24　玻璃防撞贴实际案例 3

11.12　卫生间标示设计

卫生间标示设计要求参考 6.23 节。

11.13　车间区域标示设计

车间区域标示设计要求如下：

1）颜色：参考企业配色。

2）材质：5mm 雪弗板，亚克力。

3）规格：可根据实际调整。

车间区域标示设计样式如图 11-25 所示，实际案例如

图 11-26、图 11-27 所示。

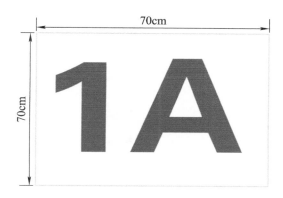

图 11-25　车间区域标示设计样式

图 11-26　车间区域标示实际案例 1

可视化 6S 标准实施速查手册

图 11-27　车间区域标示实际案例 2

11.14　车间大门编号标示设计

车间大门编号标示设计要求如下：

1）颜色：参考企业配色。

2）材质：5mm 雪弗板，亚克力。

3）规格：如图 11-28 所示。

车间大门编号标示设计样式如图 11-28 所示，实际案例如图 11-29、图 11-30 所示。

图 11-28　车间大门编号标示设计样式

图 11-29　门号牌案例 1

图 11-30　门号牌案例 2

11.15 企业文化墙设计

企业文化墙设计要求如下：

1）颜色：参考企业配色。

2）材质：PVC，亚克力，软膜。

3）规格：根据实地尺寸测量。

6S 企业文化墙设计样式如图 11-31 所示、实际案例如图 11-32、图 11-33 所示。

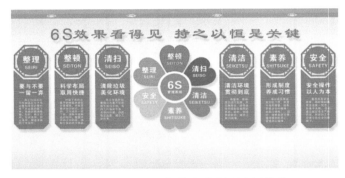

图 11-31　6S 企业文化墙设计样式

图 11-32　企业文化墙实际案例 1

图 11-33 企业文化墙实际案例 2

6S

第 12 章
持续管理

"整理、整顿、清扫"一时做到并不难，但要长期维持就不容易了。可通过制度化、标准化维持前面 3S 的效果，使效果常态化，培养员工良好的工作习惯，提升工作效率和质量。

12.1　6S 作业指导书目视化

6S 作业指导书目视化样式如图 12-1 所示。

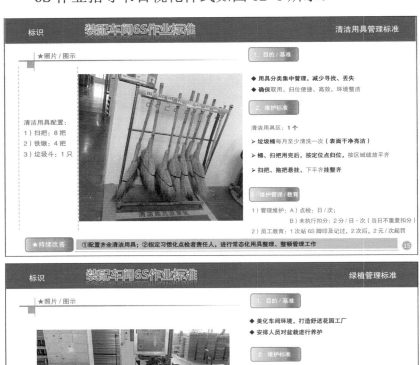

图 12-1　6S 作业指导书目视化样式

12.2 6S 区域责任卡目视化

6S 区域责任卡目视化样式如图 12-2 所示。

图 12-2　6S 区域责任卡目视化样式

12.3 现场 6S 点检目视化

现场 6S 点检表设计样式如图 12-3 所示。

车间6S点检考核记录表

车间：　　　　　　　　检查人：　　　　　　　　日期：

序号	对象	检查标准描述	责任人	周一	周二	周三	周四	周五	周六	周日	分值	实际得分	备注说明
1	早会	1. 按时组织早会、无迟到、无缺席，穿着符合公司要求									8		
2	通道	2. 随时保持主通道畅通、成品、物料等不占用通道									8		
3	地面	3. 车间地面保持清洁亮丽（无纸屑、无污渍，每日下班清扫一次、一周拖地一次）									10		
4	办公室	4. 办公桌及周边环境卫生整洁、干净									10		
5	休息区	5. 休息区及周边环境卫生整洁、干净									10		
6	用电	6. 节约用电，下班时间应关闭电器设备（如：风扇、灯等）									10		
7	清洁工具	7. 扫把、拖把及时归位，悬挂（上平齐或下平齐）挂整齐									6		
8	物流车	8. 叉车定位放置，用后及时归位（平齐放置线），不乱停放，电量少于20%及时充电									6		
9	工具	9. 工具、工装夹具使用完后整理归位、不乱折放。									10		
10	容器	10. 车间物料、空框子、空托盘对准定位线叠放整齐									6		
11	物料	11. 工位区域不得堆放杂物，作业台上下平齐整齐，保持视角整齐。									10		
12	机器	12. 设备每周一次对机械擦拭干净，一次全面2S工作。									10		

点检说明：1. 每天点检一次，每周抽时稽核一到二次 2. 合格的请打"√"，点检不合格，请打"X"　　　　总分合计：100

图 12-3　现场 6S 点检表的设计样式

12.4 6S 持续改善定点摄影目视化

6S 持续改善定点摄影目视化样式如图 12-4 所示。

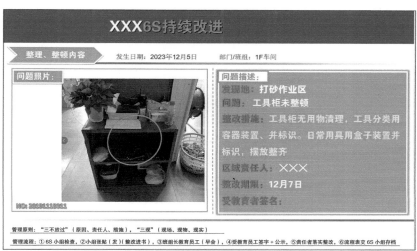

图 12-4 6S 持续改善定点摄影目视化样式

12.5 习惯化训练实操

6S 习惯化训练实操如图 12-5 所示、图 12-6 所示。

图 12-5 装配车间早会

钻床车间：工人发生批量质量问题，新员工上岗，更换钻头后，测量方式有误。有疑惑未及时反馈给车间主管。站大脚印！

工人违规站脚印

图 12-6 6S 大脚印习惯化训练实操

12.6　6S 评比目视化看板

6S 评比目视化看板样式如图 12-7 所示。

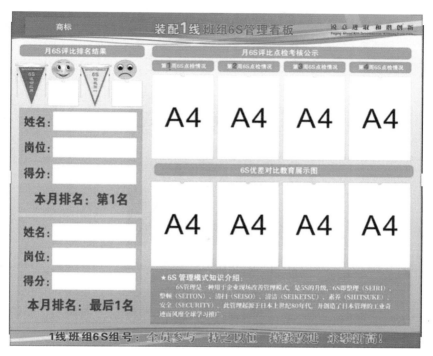

图 12-7　6S 评比目视化看板样式

12.7　评比流动红旗目视化

6S 流动红旗样式如图 12-8 所示，6S 流动黄旗评比颁发如图 12-9 所示，6S 鼓励班组锦旗如图 12-10 所示。

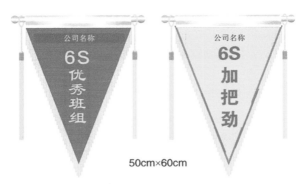

50cm×60cm

图 12-8　6S 流动红旗样式

图 12-9　6S 流动黄旗评比颁发

图 12-10　6S 鼓励班组锦旗

6S

第13章
企业 6S 实施案例

　　好的案例值得大家互相学习。下面将作者在多年咨询工作中遇到的一些典型实战案例做了整理并在此和读者分享，愿与读者共勉之。推行 6S 是多方受益的事，既然是有益的事，我们就应积极去做，并做好它。

13.1 南京 ×× 驱动科技有限公司

南京 ×× 驱动科技有限公司（图 13-1）是一家汽车智能动力系统提供商，通过整车控制器及智能辅助驾驶实现智能化集成系统，为用户提供 EDS 电驱动系统、ESS 智能电池系统、ESS 储能系统以及 VIS 智能化集成系统。

图 13-1 南京 ×× 驱动科技有限公司

公司在启动 5S 管理项目后，成立了 6S 委员会，确认了委员会成员与职责。企业精益部杨先生为项目组长，明确了推行 6S 的管理方针、目标以及具体的推行计划和培训要点。具体如下：

1）成立样板车间。根据企业实际情况，按照样板车间复制，每个车间逐步推进落实。

样板车间现场诊断的问题及处理建议如下：

①零部件来料区定位需完善，物料架摆放应在一条直线上，并对应每个工位放置。

②垃圾桶、物料架、工具等需定位，需采购标准定位贴，并规范定位。

③工位操作工出入无通道或堵死，需完善工位通道，方便操作工安全进出。

④作业区的下线区无不良品托盘，无操作工工位与通道。

⑤样板车间左右两边的物流通道无人行通道，建议用虚线设置人行通道，保障人员安全通行。

2）根据以上问题对班组长进行培训讲解，现场实施指导。班组长培训现场如图 13-2 所示。

图 13-2　作者在给班组长培训

3）现场实施整改，在班组推行现场物品定位和工具行迹管理，如图 13-3、图 13-4 所示。

图 13-3　物品定位指导　　　　图 13-4　工具行迹管理指导

4）现场 6S 改善前后对比如图 13-5 所示，地面作业区规划了通道，物品规范定位，物料摆放在一条直线上。

图 13-5　现场 6S 改善前后对比

5）建立标准，进行早例会宣导，让员工按照标准执行，让车间现场明了，管理有依据。×× 车间早例会如图 13-6 所示。

图 13-6　××车间早例会

6）通过一系列 6S 推行与指导，现场 6S 改善显著，现场一目了然，如图 13-7 所示。

图 13-7　改善后整洁有序的生产现场

13.2 瑞安市 ×× 汽车单向器有限公司

瑞安市 ×× 汽车单向器有限公司（图 13-8）创立于 2000 年，是一家有着 20 多年技术沉淀和文化传承，致力于研发和生产发电机单向带轮、起动机单向器、行星架驱动轴的行业领先企业。

图 13-8　瑞安市 ×× 汽车单向器有限公司

2017 年公司管理团队参加了作者咨询团队的培训课程，刚好公司要面临搬迁新厂，受总经理陆先生邀请，作者咨询团队到现场进行诊断并做出改善方案。

为保证项目质量，作者带领咨询团队采用驻厂式辅导模式，全程跟踪进行教练式驻厂指导。通过工艺流程布局、数据分析、现场 6S 标准化实施操作、习惯化训练养成等多项实施与指导，公司现场脏乱差的现象彻底改观，现场整洁有序，质量保障、安全保障、生产效率明显提升。现场部分辅导实施如下：

1. 车间工装模具改善

车间工装模具改善前后对比如图 13-9 所示。具体做了如下工作：

1）编制定区、定位，制作货架导视看板管理，建立目视化、定量管理，看板管理。

2）实施定区、定位，通过定位、标识、看板管理，使账能找到物，物能对上账。

3）通过目视化，工装较少丢失，查找时间缩短，生产效率提升。

4）改善后车间夹头模具做到易取、易用、易归位、易管理，提高了工作效率。

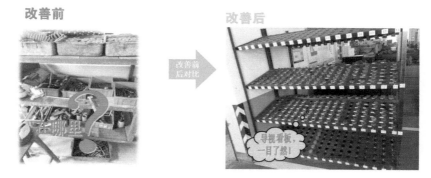

图 13-9 车间工装模具改善前后对比

2. 仓库改善

仓库改善前后明显对比如图 13-10 所示。具体做了如下工作：

1）编制库区、库位，制作货架导视看板管理，建立了目视化、定量库存管理，看板管理。

2）实施库区、库位，通过库位、标识、看板管理，使账能找到物，物能对上账。

3）通过目视化、定量库存标准管理，使仓库不呆料、不缺料、不积料，供产平衡目标实现。

改善前 改善后

图 13-10 仓库改善前后对比

3. 冲压车间现场工位区改善

冲压车间现场工位区作业文件目视化，能更方便工人参照标准作业，如图 13-11 所示。

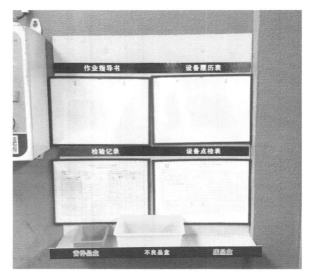

图 13-11 冲压车间现场工位区作业文件目视化

4. 建立各部门车间早例会制度，落实教育培训与习惯化训练

×× 部门早例会训练如图 13-12 所示。

图 13-12 ×× 部门早例会训练

5. 生产现场改善

改善后生产现场整洁有序。图 13-13 为改善后的车间一角。

图 13-13 生产现场整洁有序

13.3 瑞安市 ×× 汽车电器有限公司

瑞安市 ×× 汽车电器有限公司（图 13-14）创建于 1998 年，是专业生产汽车电器及汽车零部件的企业，是一家集科研、开发、设计、生产及销售为一体的现代化企业。公司生产的汽车起动机有 900 余个规格，转子有 450 余个规格。产品质量在国内外市场已享有较好的声誉。技术指标已经达到发达国家同类水平，在国内市场已逐步取代进口产品。

图 13-14　瑞安市 ×× 汽车电器有限公司

公司在当地行业中是知名企业，这得益于董事长与总经理的英明领导。公司自创办以来，本着"引领创新、铸就品质、客户至上、为员工创造平台"等理念，公司团队充满活力，企业发展蒸蒸日上。企业自成立以来，请过很多咨询团队实施 6S 管理，以期更上一层楼，但是有的项目缺乏落地，效果不佳。

经过作者咨询团队一年多现场 6S 改善、PMC 改善，品质、绩效等项目的辅导，瑞安市 ×× 汽车电器有限公司的管理再上一个台阶。

1）现场 6S 从脏乱差到 6S 标准化得到客户、高管认可，部分改善推行如下：

①模具车间"四定"（定位、定品、定容、定量）布局管理改进分享与改善事项如下：

a）钳工台统一摆放，作业区通道畅通，钳工台、物品架整理整顿。

b）模具放置在区域线内，统一放置在托盘上。

c）模具根据三定规划分类、分区放置。

d）物品、材料、工具分类、标识。

e）物料架、作业台翻新。

模具车间现场改善前后对比如图 13-15 所示。

图 13-15　模具车间现场改善前后对比

②装配车间目视化、定位、定品、定量管理改进分享与改善事项如下：

a）屏风设计教育看板，采购植物美化环境。

b）待组装单向器零件设计标准货架，统一分类放置货架上。

c）喷区域字体，货架喷库位号、标识、设计导视牌。

装配车间现场改善前后对比如图 13-16 所示。

图 13-16　装配车间现场改善前后对比

2）准交率不仅仅是一种责任，更是对客户诚信的表现，这关系到企业的信誉和长期发展。准交率从 60% 提升到 100%。准交率提升方案如下：

①进行产能分析，优化瓶颈工序。

②提升生产计划下达数据准确率。

③物料采购到位准时率提升 32.6%。

④加快物料周转，标示清晰。

3）库存积压了企业的大量资金，尤其是呆滞库存，长期占用仓库空间，浪费大量的人力、物力及财力，对企业现金流及管理运作带来严重影响。改善后仓库存量压缩率为 37%（库存压缩年效益约 60 万元）。仓库库存压缩下降方案如下：

①超过标准的库存型号，标明在库时间。

②分析仓库呆滞品并处理变卖。

③超过标准的库存型号，严格控制再生产。

④生产计划严格按照标准库存量下达（有订单除外）。

⑤生产完成后，销售及时安排发货。

⑥建立了良好的项目沟通协调机制，通过专题会议快速有效地组织大家一起解决问题，通过周、月例会对进度、成果及时跟踪总结。如图 13-17 所示。

图 13-17　作者在企业与高管开总结会议

4）建立各部门车间早例会制度，落实标准化教育与习惯化训练，如图 13-18 所示。

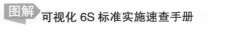

图 13-18 ××车间早例会训练

改善后井然有序的仓库现场如图 13-19 所示。

图 13-19　仓库现场改善的井然有序

13.4　浙江 ×× 过滤科技有限公司

　　浙江 ×× 过滤科技有限公司（图 13-20）是主要经营汽车零部件及配件制造、汽车零配件批发、汽车零配件零售、技术进出口、货物进出口的现代化企业。

图 13-20　浙江 ×× 过滤科技有限公司

在企业利润低、市场竞争激烈的当下，现场等于市场，正好企业面临搬迁，公司总经理高瞻远瞩，决定启动精益项目，邀请作者咨询团队前去指导。

项目启动后，副总经理为项目组长，明确了项目管理目标以及具体推行计划和日程。采取了如下措施：

1）进行生产工艺流程及生产节拍测量分析。

2）进行物流空间测量及人机工程测量分析。

3）进行生产工艺控制图绘制、评估。

4）进行现场物品"四定"（定位、定品、定容、定量）。

5）进行物流、人流、看板信息流三合一规划。

6）编制"6S 标准手册"。

7）进行常态化、持续化点检、培训、考核体系落地设计。

8）进行 PMC 生产问题辅导，实现降低成本、提升准交率。

部分步骤详细说明如下：

1）建立各部门车间早例会制度，落实教育培训与习惯化训练，如图 13-21、图 13-22 所示。

图 13-21　××车间早会训练

图 13-22　作者在企业给管理者培训

2）改善车间工装模具放置区，做到易取、易用、易归位、易管理，提高工作效率。改善步骤如下：

①分类，采购物料盒。

②摆放整齐。

③打印标识。

④编制导视牌。

生产现场工装模具改善前后对比如图 13-23 所示。

图 13-23　生产现场工装模具改善前后对比

3）改善仓库，提高储存管理效率，具体办法如下：

①采购货架，物料分类上架。

②编制库区、库位，标示清楚。

③建立目视化、定品、定容、定量标识管理。

④建立目视看板，减少查找时间，提高工作效率。

仓库现场改善前后对比如图 13-24 所示。

图 13-24　仓库现场改善前后对比

通过一年的精益项目改善，成果显著，生产现场整洁有序，生产效率提升明显。改善后整洁有序的现场如图 13-25、图 13-26 所示。

图 13-25　改善后整洁有序的现场 1

图 13-26　改善后整洁有序的现场 2

4）开展 PMC 生产管理、生产计划、物料管理。通过调研，找出各部门拖延问题 87 个（包括物料、排产、技术更新等问题）。通过分析，深入了解并现场跟踪辅导，所有问题一一解决。问题解决后，生产准交率提升 30%。

13.5　温州市 ×× 机电设备有限公司

温州市 ×× 机电设备有限公司（图 13-27）创办于 1986 年，该公司专业生产壁挂炉风机、罩极异步电动机、单相电容运转式电动机、食品机械专用风机及高效节能无刷直流风机、节能环保锅炉风机，是一家集设计开发、生产和销售为一体的现代化企业。

图 13-27　温州市 ×× 机电设备有限公司

随着公司的发展，公司建了新厂房。为提高员工生产效率，满足客户以及市场的需求，公司总经理联系到作者咨询团队，要求进行 6S 精益辅导。

经过作者咨询团队人机工程量测，现场布局分析，几轮评审到搬迁指导，队伍培训、习惯化训练等多项指导的实施，公司现场脏乱差情况得到彻底改观，营造了一个整洁有序的生产环境。现场辅导实施如下：

1）布局规划生产车间人、物分离通道，绿色物流通道，灰色人行通道，保证安全通行。建筑墩柱进行安全防护，安装防撞条，安全警示，如图 13-28、图 13-29 所示。

图 13-28　新厂房改善中的生产现场

图 13-29　新厂房规划实施中的现场

2）仓库改善：

①采购货架，物料分类、分区上架。

②编制库区、库位，目视化标示。

③通过库位、标识、看板管理，使账能找到物，物能
对上账。

④ 通过目视化，定量库存标准管理，使仓库无呆料、不缺料、不积料，实现供产平衡。

仓库现场改善后井然有序如图 13-30 所示。

图 13-30　仓库现场改善后井然有序

3）建立生产车间管理看板，张贴企业宣传标语，安装安全设施等，改善后如图 13-31 所示。

图 13-31　整洁有序的生产车间